국어공부가 쉬워지는

재미있는 우리말

국어공부가 쉬워지는
재미있는 우리말

초판 1쇄 인쇄 | 2018. 11. 20
초판 1쇄 발행 | 2018. 11. 25

지은이 | 이정
펴낸곳 | 자유로운상상
펴낸이 | 하광석
디자인 | 김현수(이로디자인)

등　록 | 2002년 9월 11일 (제 13-786호)
주　소 | 서울시 월계로 22길 1-4 1층 2호
전　화 | 02 392 1950 팩스 | 02 363 1950
이메일 | hks33@hanmail.net

ISBN 979-11-962285-1-4 (73700)

· 사전 동의 없는 무단 전제 및 복제를 금합니다.
· 잘못 만들어진 책은 바꾸어 드립니다.
· 책값은 뒤표지에 있습니다.
· KC마크는 이 제품이 공통안전기준에 적합하였음을 의미합니다.

> 이 도서의 국립중앙도서관 출판예정도서목록(CIP)은 서지정보유통지원시스템 홈페이지
> (http://seoji.nl.go.kr)와 국가자료공동목록시스템(http://www.nl.go.kr/kolisnet)에서
> 이용하실 수 있습니다. (CIP제어번호 : CIP2018035822)

국어공부가 쉬워지는

재미있는 우리말

이정 지음

자유로운 상상

머리말

제가 맨 처음 우리말 책을 펴낸 것은 2002년이었습니다. 그 후, 2014년 『한글은 힘이 세다』에 이어 이번에 세 번째 우리말 풀이 책을 새로 내놓게 되었습니다. 그동안 여러 권의 우리말 책을 펴내면서 새삼 깨달은 것은, 우리가 잘 알지 못하여 꺼내 쓰지 못하는 곱고 아름다운 우리말이 매우 많다는 사실입니다.

지금까지와 마찬가지로, 이번에도 많은 이들이 잘 몰라서 제대로 사용하지 않는 우리말들을 신중하게 골라 짤막하고 재미있는 에피소드를 곁들여 독자들의 이해와 활용을 돕기 위해 노력하였습니다.

특히 평소에 어디선가 들어서 알기는 하지만 그 뜻은 명확히 알지 못하거나 정확한 쓰임새를 몰랐을 법한 우리말 단어들을 좀 더 포함시키려 노력하였습니다.

언어는 그 민족의 정신과 연결되어 있는 소중하고 가치 있는 문화유산입니다.

외래어와 외국어가 만연하다보니 외국어 혹은 하루가 멀다 하고 새로 생겨나는 신조어들만으로도 의사소통은 가능할 것입니다. 그러나 모국어인 한글에 대한 애정과 자부심은 우리 조상들의 정신과 지혜가 담긴 재치 있고 아름다운 우리말을 찾아 쓰고 서로 소통함으로써 더욱 깊어질 수 있을 것입니다.

또한 우리말을 배우고 익히는데 있어 나이의 많고 적음은 관계가 없습니다. 한국인이라는 자부심을 가지고 남녀노소 누구나, 초등학생부터 100세 할아버지와 할머니 뿐 아니라 한글을 사랑하는 외국인 등 그 누구라도 아름다운 우리말 책을 가까이 두고 종종 익히며 서로 대화 중에 적극 활용하기를 진심으로 권장합니다. 또한 우리말과 글을 체계적으로 배우고 사용하기 시작하는 초등학교과정의 국어공부는 더욱더 중요합니다.

  학교에서는 물론 모든 일상생활 속에서 재미있고 아름다운 우리말의 의미를 알고 사용하다보면 저도 모르는 사이에 국어실력이 쑥쑥 오르는 즐거운 경험을 하게 될 것입니다. 그리고 이후로도 표준국어대사전에 올라있는 50만개의 우리말 단어들 가운데 흔히 접해보지 못한 뜻 깊고 아름다운 우리말들을 찾아 소개하는 작업을 이어가도록 노력하겠습니다. 외국어를 유창하게 하는데 대하여 자부심을 갖듯, 한국어와 한글을 사용하는 모든 사람이 소중한 우리말을 아끼고 실생활에서 사용하도록 노력함으로써 아름다운 우리말의 가치와 의미를 깨닫고 긍지를 갖게 되기를 바랍니다.

2018년 겨울

이 정

차례

머리말 · 4

ㄱ

가리산지리산하다 · 12

가분가분하다 · 14

개꿀 · 16

건둥그리다 · 18

고두밥 · 20

고시랑고시랑하다 · 22

괄괄하다 · 24

구성지다 · 26

구저분하다 · 28

귀잠 · 30

그악스럽다 · 32

길라잡이 · 34

깜냥/깜냥깜냥 · 36

꽃불 · 38

ㄴ

나부대다 · 42

너렁청하다 · 44

노루잠 · 46

눈엣가시 · 48

눙치다 · 50

늘품 · 52

늦둥이 · 54

ㄷ

단비 · 58

더펄머리 · 60

데면데면하다 · 62

도담도담/도담도담하다 · 64

돌꺳잠 · 66

두루딱딱이 · 68

뒷배 · 70

들꾀다 · 72

등쌀 · 74

따따부따/따따부따하다 · 76

뜨내기 · 78

ㅁ

마중물 · 82

만무방 · 84

말괄량이 · 86

모꼬지/모꼬지하다 · 88

몽짜/몽짜스럽다 · 90

물보라 · 92

ㅂ

바드럽다 · 96

반둥건둥하다 · 98

발뺌하다 · 100

벼락불 · 102

벽창호 · 104

부대끼다 · 106

뿌다구니 · 108

ㅅ

사무치다 · 112

사부작사부작/사부작거리다 · 114

새근발딱거리다 · 116

생게망게하다 · 118

설레발 · 120

소나기밥 · 122

손부끄럽다/손뜨겁다 · 124

솝뜨다 · 126

쇠발개발 · 128

수더분하다 · 130

시시콜콜/시시콜콜하다 · 132

신소리/신소리하다 · 134

싱숭생숭하다 · 136

❀

아금받다 · 140

아련하다 · 142

안성맞춤 · 144

알싸하다 · 146

암팡지다 · 148

앙갚음 · 150

애면글면하다 · 152

알망궂다 · 154

얌생이/얌생이꾼 · 156

어두커니 · 158

어리바리하다 · 160

어우렁더우렁/어우렁더우렁하다 · 162

얼기설기 · 164

엄덩덤벙/엄벙덤벙하다 · 166

여우볕/여우볕에 콩 볶아 먹는다 · 168

오롱이조롱이 · 170

오지랖/오지랖(이) 넓다 · 172

올망졸망/올망졸망하다 · 174

옹송망송/옹송망송하다 · 176

왕배덕배 · 178

윤똑똑이 · 180

의지가지없다 · 182

차례

이바지/이바지하다 · 184

입방아/입방아(를) 찧다 · 186

ㅈ

자리끼 · 190

잠포록하다 · 192

저춤저춤 · 194

줄행랑치다 · 196

지레짐작하다 · 198

진둥한둥/진둥한둥하다 · 200

짜하다 · 202

ㅍ

푸둥지 · 206

ㅌ

토렴 · 210

ㅎ

한무릎공부 · 214

함치르르/함치르르하다 · 216

햇무리 · 218

허름하다 · 220

헛가래 · 222

화수분 · 224

황소바람 · 226

흥이야항이야하다 · 228

흐리마리하다 · 230

흰소리/흰소리하다 · 232

부록 : 헷갈리기 쉬운 우리말 · 234

으로
시작되는 아름답고 재미있는
우리말을 알아보아요

가리산지리산

 여름방학을 맞아 제주도에 여행 간 승우네 가족은 한라산에 오르게 되었습니다.

아름다운 한라산의 경치를 감상하며 중턱쯤 이르렀을 때입니다. 서서히 바람이 불더니 구름이 몰려오기 시작했습니다.

"어, 비가 오려나? 윗세오름까지만 갔다 올 거니까 서둘러 올라갑시다!"

"날씨도 안 좋으니…아무래도 승희랑 나는 그만 내려가는 게 좋을 것 같아요!"

승우와 아버지는 부랴부랴 산으로 올라갔으나 승우 동생 승희와 어머니는 오던 길을 되돌아 내려가기로 했습니다.

어머니는 승희와 함께 산 아래 휴게소에서 두 사람을 기다리기로 했습니다.

어느새 창밖으로 보이는 하늘이 검은 비구름에 뒤덮이는가 싶더니 거센 빗줄기가 쏟아졌습니다. 어머니는 걱정스러운 듯 바깥을 살피며 이렇게 중얼거렸습니다.

"아침엔 날이 참 좋았는데 갑자기 왜 이런 거지? 산에 오르던 사람들도 모두들 내려오는 것 같은데 승우랑 아빠는 왜 안 오시는 거니?"

비에 젖은 사람들이 휴게실로 뛰어들 때마다 어머니는 점점 불안해지기 시작했습니다.

"벌써 4시간이나 지났네…윗세오름까지만 간다더니, 설마 백록담까지 갔나? 이 빗속에…"

그로부터 몇 시간이 더 지났을 때, 비에 흠뻑 젖은 두 사람이 지친 듯 휴게실로 들어왔습니다. 그렇게 기다리던 승우와 아버지였습니다.

"어머나, 세상에!! 어쩌다가 물에 빠진 생쥐 꼴로 나타난 거에요? 승우야, 괜찮니?"

놀란 어머니가 남편과 아들을 보자 걱정스레 호들갑을 떨었습니다.

"엄마, 저기…산에서, 비가 많이 와서…발이 미끄러졌는데…사슴이 나타나서, 으…추워요…"

승우는 비에 젖은 몸을 떨며 이렇게 횡설수설하였습니다.

"아니, 얘가 뭐라고 **가리산지리산**하는 거야? 어린애를 데리고 어디까지 갔다오는 거에요? 더 큰 사고라도 났으면 어쩔뻔 했어요!?"

걱정스러운 아들의 모습에 화가 난 어머니가 이렇게 쏘아붙이자 남편도 굳은 얼굴로 대꾸했습니다.

"어휴, 갑자기 폭우가 쏟아지는 바람에 **가리산지리산**했다오!"

'가리산지리산'은 '이야기나 일이 질서가 없어 갈피를 잡지 못하는 것'을 이르는 재미있는 우리말입니다.

가분가분하다

 방학을 맞은 규영이는 부모님을 따라 큰아버지가 사시는 유럽의 어느 도시에 도착했습니다. 규영이는 영화나 책에서만 보던 낯선 나라의 풍경에서 눈을 떼지 못했습니다.

"어서오너라!"

공항에 마중 나온 큰아버지를 따라 한참동안 승용차로 달려간 뒤에야 일행은 한적한 주택가에 도착했습니다.

"우와~! 역사 깊은 건물인가 봐요, 형님! 분위기가 아주 멋져요!"

낯선 건물 앞에 내려선 동생이 감탄하자, 형님은 미소를 지으며 이렇게 말했습니다.

"자, 이리 들어와. 지은지 100년이나 된 건물이라 작기는 하지만 5층까지는 이걸 타고 가는 게 편하니까."

그곳에는 영화에서나 보던 엘리베이터가 있었습니다. 창살 너머로 내부가 들여다보이는 그 엘리베이터는 어른 세 명과 커다란 트렁크 몇 개를 싣자 금세 꽉차버렸습니다. 그때 규영이가 건물 한쪽에 있는 멋진 나무 계단을 발견하고 이렇게 여쭈었습니다.

"어…저는 이쪽 계단으로 올라갈 게요…5층으로 가면 되는 거죠?"

"하하, 그래도 되는데, 짐이 무겁지 않니? 어깨에 멘 가방이라도 이리 다오!"

큰아버지가 이렇게 말했으나 규영이 아버지가 만류하였습니다.

"규영이 짐은 자기 소지품만 넣은 거라 가분가분하니까 그냥 둬도 돼요, 형님."

5층 아파트에 도착하여 안으로 걸어 들어가자 바닥에서 소리가 났습니다. 지은 지 100여년이나 되었다는 건물의 나무로 된 바닥은 사람들이 걸을 때마다 삐걱거렸습니다.

"집도 오래되고 마룻바닥도 낡아서 좀 시끄럽지만 이곳에서는 다들 그러려니 하고 지낸단다, 하하!"

큰아버지가 대수롭지 않게 말했으나, 규영이 아버지는 가족들에게 이렇게 속삭였습니다.

'아무래도 우리 모두 걸을 때는 좀 더 가분가분하게 다니는 게 좋겠다…응?'

"네, 알겠어요…삐걱거리는 소리가 건물의 역사를 이야기하는 것 같아서 재미있어요!"

규영이는 빛바래고 들뜬 마룻바닥을 내려다보며 이렇게 대답했습니다.

'가분가분하다'는 '①들기 좋을 정도로 여럿이 다 또는 매우 가볍다. ②말이나 행동 따위가 여럿이 다 또는 매우 가볍다.'의 뜻을 지닌 재미있는 우리말입니다.
앞에서는 ①의 뜻, 뒤에서는 ②의 뜻으로 쓰였습니다.

개꿀

 은영이네 집 옥상에는 여러 개의 벌통이 있습니다.
꽃이 필 때부터 어머니가 시작한 '도시 양봉' 때문입니다.

"엄마, 벌들이 공격할까봐 무섭지 않으세요?…으으, 나한테 달려들까봐 너무나 무서운데요…"

방충복을 입은 은영이는 엄마를 따라 옥상에 올라오기는 했으나, 벌통 근처에서 앵앵거리며 날아다니는 꿀벌들이 무서워 이리저리 몸을 피하기 바빴습니다.

"응, 나도 처음엔 무서웠지…여기저기 쏘이기도 했잖아? 도시 양봉이라고 쉽게 생각하면 안 되지, 이렇게 방충복 챙겨 입고 시작하니까 이제는 문제없단다."

어머니의 대답에 은영이가 고개를 갸웃거리며 여쭈었어요.

"그런데, 어떻게 이런 도시에서 꿀을 모아요? 원래 꿀은 깊은 산속에서 얻는 거 아니에요?"

"도시 양봉은 '도시에서 꿀벌을 기르는 활동'을 말하는 건데, 우리 집 같은 건물 옥상이나 텃밭, 공원 같은 주위의 다양한 공간에서 벌을 기르는 거야. 꼭 깊은 산속이 아니라도 벌을 기를 수만 있으면 그곳에서 바로 꿀을 모을 수도 있다는 뜻이지!"

"그럼, 우리도 꿀을 모아서 팔아요?"

"글쎄다~ 도시 양봉은 전통적인 양봉과 크게 다른 점이 있어. 도시에서 양봉을 하는 건, 벌꿀을 모으는 것보다는 도시환경을 개선하는 게 진짜 목표거든! 생각해봐,

꿀벌이 잘 살기 위해서는 꽃과 나무가 많아야 되잖아? 그렇게 자연환경이 갖춰지면 그곳을 보금자리로 삼는 다른 곤충이나 새들도 함께 모여들겠지? 그러면서 새로운 생태계가 만들어지는 거야."

"아…그러면 사람들에게도 더 살기 좋은 환경이 되니까, 도시 양봉은 친환경운동이네요? 맞죠?!"

은영이가 알았다는 듯 손뼉을 치며 되묻자 어머니는 고개를 끄덕이며 미소를 지었습니다.

"그래! 우리 은영이 아주 똑똑하네! 지구상에서 꿀벌이 사라지면 우리 인간도 오래 살아남지 못할 정도로 꿀벌의 역할이 굉장히 중요하단다. 우리, 오늘은 이 **개꿀** 한번 맛볼까?"

어머니가 벌통을 열고 그동안 꿀벌들이 부지런히 모아온 황금빛 벌꿀 한 국자를 조심스레 떠올렸습니다. 그것을 본 은영이는 군침을 흘리며 탄성을 질렀습니다.

"우와! **개꿀**이요? 빛깔도 아주 예쁜 진짜 꿀이네요?!"

'**개꿀**'은 '벌통에서 떠낸, 벌집에 들어 있는 상태의 꿀'을 뜻하는 재미있는 우리말입니다.

건둥그리다

진영이네는 할머니, 할아버지와 함께 사는 대가족입니다.

저녁식사를 마치고 가족들과 함께 텔레비전 뉴스를 시청하던 진영이가 갑자기 무엇인가 발견한 듯 화면을 가리키며 놀라기 시작했습니다.

"어~? 저기 삼촌 아니에요? 맞죠?"

제일 먼저 진영이가 아버지를 돌아보며 확인하듯 여쭈었습니다.

"그렇구나, 둘째 맞네? 어디서 또 뭐가 나왔나보지?"

"어머나 정말? 뉴스에서 보면 왠지 더 반갑다니까요, 도련님이!"

어머니도 텔레비전 화면을 유심히 들여다보며 반갑게 말씀하십니다.

뉴스는 얼마 전 주민이 발견하여 군청 문화관광과에 신고한 문화재 발굴 소식이었습니다.

…문화재연구원의 조사단은 지난 13일부터 5일간 주민신고를 통해 청동기시대 주거지로 확인된 충남 @@면 △△리 ×××번지 일대와 주변 지역에 대하여 유물 발굴 조사를 실시했습니다. 현재 청동기시대 주거지 내부에서 수십 점의 무문토기 조각들이 발굴되고 있습…

문화재 발굴현장 취재 기자의 목소리와 함께 깨어진 토기 조각들을 흙속에서 조심스럽게 찾아내는 조사원의 모습이 뉴스 화면에 자세히 비쳤습니다.

"이야~~옛날 옛적 유물 발굴조사단이라니… 정말 대단해, 우리 삼촌!"

진영이가 감격스러운 듯 눈을 떼지 못하며 환호하자, 고개를 끄덕이며 조용히 텔레비전을 지켜보시던 할아버지가 이렇게 말씀하셨습니다.

"허허…저 녀석이 어릴 때부터 박물관 가는 걸 제일 좋아했고, 커 가면서도 고고학이나 역사유물 같은 것에 흥미가 아주 많았지… 그러더니 결국 문화재 발굴 조사원이 된 거야! 언젠가는 자기가 공룡의 뼈를 발굴하는 게 꿈이라고 했는데…"

그러자 옆에서 듣고 계시던 할머니도 고개를 끄덕이며 한마디 거드셨습니다.

"그래, 그랬지… 어쨌거나 오랫동안 땅속에 묻혀있던 유물을 캐내는 것이라…아주 조심조심 **건둥그리지** 않으면 안 될 터인데… 내 아들이 하는 일이라고 생각하니 더 걱정스럽구나!"

'건둥그리다'는 '하나도 흩어지지 않게 말끔히 가다듬어 수습하다'라는 의미의 재미있는 우리말입니다.

고두밥

 토요일 오후, 어머니는 오랜만의 동창회모임을 위해 외출에 나서며 가족들에게 말씀하십니다.

"얘들아, 아빠랑 오랜만에 즐거운 시간 보내거라~ 엄마 갔다 올게!"

어머니가 외출하신 뒤 민국이가 아버지께 여쭈었습니다.

"아빠, 우리 저녁 뭐 먹어요? 짜장면? 피자? 아니면…치킨?"

"음…글쎄…그런 패스트푸드는 별로 좋을 거 없으니, 오랜만에 아빠가 해줄게!"

집밥을 좋아하시는 아버지가 앞치마를 두르며 이렇게 말씀하셨습니다.

"어…아빠가 요리를 하신다구요? 라면 끓여주시려는 거죠?!"

"무슨 소리야, 라면이라니! 비장의 초간단 요리가 있어~! 밥이 없으니 일단 밥부터 해야지?"

그리고 아버지는 서둘러 쌀을 씻어 전기밥솥에 안쳤습니다.

잠시 후, 밥이 다 되자 냉장고에서 양념에 재워놓은 불고기를 꺼내 보이며 보란 듯이 외쳤습니다.

"아까 엄마가 만들어 놓았더라고. 이걸 볶아서 밥에 올리면 불고기 덮밥이야!"

아버지 말씀에 아이들은 신이 나서 떠들어댔습니다.

"불고기덮밥 좋아요, 맛있겠다!"

"빨리 해 주세요~ 갑자기 배고파요~!"

양념에 재워둔 고기를 프라이팬에 볶은 다음, 밥솥의 밥을 푸던 아버지가 맛 보시더니 고개를 갸웃거렸습니다. 그것을 본 민정이가 걱정스레 여쭈었습니다.

"아빠…왜요? 뭐가 잘못됐어요?"

"아흐…어떡하냐… 밥이 완전 **고두밥**이 됐어… 이상하네, 물을 못 맞췄나봐…

아버지가 몹시 실망한 표정으로 대답했습니다. 그러나 남매는 대수롭지 않은 듯 대꾸했습니다.

"**고두밥**? 밥이 되게 됐다는 거죠? 괜찮아요~ 불고기덮밥은 **고두밥**이 더 좋아요!"

"아빠 걱정 마! 나도 된밥이 더 좋아! 밥에 얼른 불고기 덮어주세요, 빨리 먹고 싶어요!"

아이들의 위로에 아버지는 그만 너털웃음을 터뜨렸습니다.

"하하~! 고맙다 얘들아…오늘은 그냥 먹고, 다음엔 제대로 맛있게 해줄게! 하하."

'**고두밥**'이란 '아주 되게 지어져 고들고들한 밥'을 뜻하는 재미있는 우리말입니다.

고시랑고시랑하다

 수정이네 가족은 어린이날을 맞아 극장으로 영화를 보러갔습니다. 극장에는 수많은 가족들로 북적거렸습니다.

"〈미녀와 야수〉는 예전에도 본 영화 아니니, 수정아? 같은 영화를 왜 또 보니?"
아버지가 의아한 듯 물으셨습니다.

"전에도 봤는데, 이번 것은 미국에서 새로 만든 영화니까 또 봐야 돼요! 제가 제일 좋아하는 영화니까요~!"

수정이는 동화책으로도 수십 번은 보았던 내용의 〈미녀와 야수〉를 애니메이션이나 영화로도 새로 나올 때마다 찾아보는 마니아였습니다.

"아, 정말 기대된다~ 야수가 미녀의 진정한 사랑덕분에 다시 사람이 되잖아요. 나도 그게 제일 좋아요!"

수정이 동생 수진이도 두 손을 모으고 허공을 응시하며 미녀와 야수의 한 장면을 상상하듯 흐뭇한 표정으로 이렇게 말했습니다.

객석의 불이 꺼지고 영화가 시작되었습니다. 그런데 어린이 관객이 많다보니 여기저기서 수선스러운 소리가 이어졌습니다.

"아참…왜 이렇게 시끄러운 거야… 영화 시작하는데… 이래서야 제대로 볼 수 있을까?"

수정이가 어두운 주위를 두리번거리며 이렇게 중얼거렸습니다.

"얘, 너야말로 왜 이렇게 고시랑고시랑하냐… 좀 기다리면 조용해지겠지…쉿!"

어머니가 수정이를 달래며 이렇게 속삭였어요. 커다란 화면에서 멋진 배우들이 등장하고 아름다운 영상이 펼쳐지자 수정이도 이내 영화 속으로 빠져 들어가기 시작했어요. 그러나 어두운 객석 곳곳에서 사람들의 말소리가 계속되는 바람에 수정이는 참지 못하고 투덜거렸어요.

"아이참~ 저렇게 멋진 영화를 보러 와서 왜 이렇게 떠드는 거야… 여기저기서 고시랑고시랑하니까 집중할 수가 없잖아…"

'고시랑고시랑하다'는 '①못마땅하여 군소리를 자꾸 좀스럽게 하다. ②여러 사람이 자꾸 작은 소리로 말하다.'의 재미있는 우리말입니다. 앞에서는 ①의 뜻, 뒤에서는 ②의 뜻으로 쓰였습니다.

괄괄하다

'쿵쿵쿵--- 쿵쿵---'

일요일 아침, 갑자기 쿵쿵거리는 소리가 들려옵니다.

"아이참…또야? 시도 때도 없이 저렇게 쿵쾅거리니 신경 쓰여 죽겠네…"

가족들과 함께 식탁에서 밥을 먹던 봉숙이가 귀를 막으며 천장을 쳐다보았습니다.

"음…조금 기다리면 조용해지겠지…너무 신경 쓰지 말고 밥 먹자, 봉숙아!"

아버지도 수저를 든 채로 위층을 향해 귀를 종긋하며 말씀하셨습니다.

"하루 이틀이 아니라고요… 봉숙이 말대로 아무 때나 저런다니까요. 일요일이라고 오늘은 일찍부터 시작인가보다, 그치, 봉숙아?"

어머니도 불만스러운 듯 봉숙이와 눈을 맞추며 말씀하셨어요.

"아, 그래? 윗집에 어린아이들이 있나? 가족들이 많은가? 뛰어다니는 소리 같기도 하고 그러네… 아무튼 할 일없이 쿵쿵대지는 않을 테니까 이해해 줘야지…"

아버지는 이렇게 너그럽게 말씀하셨어요.

"윗집에는 나 같은 애들은 없어요, 아빠. 어른들만 사는 데도 만날 쿵쿵거려요…"

"그래요, 잘 알지도 못하면서 그런 소리 하지도 말아요. 윗집 할머니가 얼마나 괄괄한지 몰라서 하는 소리에요! 출발해서 저만치 가는 버스도 쫓아가서 기어코 잡아 타는 건 보통 일이고, 누구하고 시비라도 붙었다하면 목소리도 어찌나 괄괄하던지… 아무도 못 이긴다고요!"

봉숙이와 어머니는 회사일이 바빠 집에서 쉬는 날이 많지 않은 아버지에게 쿵쿵거리는 윗집 사람들에 대해서 이야기해 주었습니다.

"애들도 없는데 저렇게 쿵쿵거릴 일이 뭐가 있을까… 성질이 얼마나 과격하고 거칠면 집안에서 뛰어다니는 걸까? 아파트에서는 위아래 층 이웃끼리 예의를 지키며 살아야 하는데 말이야…"

"아이고, 윗집 이사 온 지가 6개월이나 됐잖아요, 그 사이에 벌써 몇 번이나 얘기해 봤는데 소용이 없더라구요…"

'괄괄하다'는 '①성질이 세고 급하다 ②풀 따위가 세다 ③목소리 따위가 굵고 거세다.'의 뜻으로 쓰이는 재미있는 우리말입니다. 앞에서는 ①의 뜻, 뒤에서는 ③의 뜻으로 쓰였습니다. 비슷한 말로 '과격하다, 거칠다, 급하다' 등이 있습니다.

구성지다

〈 할아버지 오래 오래 사세요~~!〉

김 장수 할아버지의 팔순잔치가 열리는 근사한 뷔페식당 입구에 플래카드가 걸렸습니다.

할아버지의 자녀와 그 자녀들, 할아버지의 형제들을 비롯한 여러 친척과 친구들이 축하하기 위해 참석하였습니다.

"장수야, 축하한다. 네가 어느새 팔십이나 먹었냐?"

친구들이 이렇게 축해주었습니다.

"아버님, 건강하게 오래 사십시오! 팔순 생신 축하드립니다!"

아들과 딸들의 축하인사와 선물 전달식에 이어 손자 손녀들의 재롱잔치도 이어졌습니다.

"하하, 다들 고맙구나! 요새 나이 팔십은 청춘아니냐"

할아버지는 흡족한 얼굴로 고개를 끄덕이며 기뻐하셨습니다.

"자, 이번에는 방금 전 동남아 순회공연을 마치고 돌아와 우리 아버님이 백세까지 장수하시기를 바라면서, 숨 돌릴 틈도 없이 축하연주를 하기 위해 달려온 우리의 영원한 가수, 송대곤의 뜨거운 무대가 이어지겠습니다~!"

사회자가 잔치의 다음 순서를 이야기하자 사람들은 일제히 웃음을 터뜨렸습니다.

"하하~ 송대곤?"

"닮은꼴 가수들이 나오나 보다? 노래도 얼마나 **구성지게** 잘 하는지 궁금하네?!"

사회자의 소개로 등장한 '송대곤'이 할아버지의 신청곡을 멋지게 부르기 시작했습니다.

니가 슬플때~ 내가 슬플때~ 누구나 부르는 노래~

쿵짝쿵짝쿵짜자쿵짝 네박자속에

닮은꼴 가수 송대곤이 반주에 맞춰 이렇게 첫 소절을 노래하자 사람들은 박수로 박자를 맞춰가며 호응하기 시작했습니다.

그중에서도 오늘의 주인공인 할아버지는 두 눈을 지그시 감고 고개를 끄덕이시며 이렇게 중얼거렸습니다.

"쿵짝쿵짝~ 그 노래 한번 **구성지구나**~! 언제 들어도 마음을 울린단 말이야!"

'구성지다'라는 표현은 '천연스럽고 구수하며 멋지다'라는 뜻의 재미있는 우리말입니다.

구저분하다

　　　명수는 몇 년 전 고혈압으로 쓰러진 할머니와 단 둘이 살고 있습니다.
　오늘, 명수는 학교가 끝나고 집에 가는 길에 친구 정훈이를 따라 문구점에 들렀습니다.
　"이것 봐~ 내가 꼭 사고 싶던 과학도구가 나왔네? 엄마한테 사달라고 말씀드려야지!"
　친구 정훈이가 새로 나온 과학실험도구를 발견하고 말했습니다.
　"으응, 그래? 지난번 학교에서 배운 그 실험도구로구나…"
　명수도 호기심 있게 바라보며 중얼거렸습니다.
　그때, 같은 반 경진이도 어머니와 함께 문구점으로 들어섰습니다.
　"어, 얘들아! 뭐 재미있는 거 새로 나왔어? 나도 보여줘~"
　경진이가 정훈이 곁으로 다가가며 이렇게 말했습니다.
　곧이어 다가온 경진이 어머니가 명수를 위아래로 훑어보더니 이렇게 속삭였습니다.
　"얘, 경진아…뭐하니? 약속시간에 늦지 않게 가려면 얼른 가야지… 그런데 쟤는 왜 저렇게 **구저분하니**…어휴… 저런 애들이랑 사귀지 마라, 어서 가자."
　그리고는 경진이를 밖으로 끌고 나가버렸습니다. 그 말을 들은 명수와 정훈이는 어린 마음에 상처를 받고 당황하여 멍하니 서있었습니다. 잠시 후, 정훈이가 문구점

밖으로 쫓아나갔습니다. 그리고 경진이 어머니에게 다가가 이렇게 말했습니다.

"어머니 안녕하세요? 저희는 경진이 친구에요. 좀전에 명수에 대해 오해하신 것 같아서요."

"뭐? 내가 뭘 오해해? 그 더럽고 지저분한 아이가 너희 친구니? 그래서? 내가 뭐라고 했니? 조그만 녀석이 어른한테 별걸 다 따지네?!"

정훈이 말에 경진어머니도 당황하여 큰소리를 쳤습니다. 그러나 정훈이도 물러서지 않고 똑 부러지게 이야기했습니다.

"명수는 아픈 할머니랑 둘이 살고 있어서 잘 돌봐줄 사람이 없어요… 그래서 좀 더럽고 지저분하지만 우리 반 반장이고 좋은 친구에요. 겉모습만 보고 친구를 사귀어라 말아라 말씀하시면 안 될 것 같아요!"

'구저분하다'는 '더럽고 지저분하다'의 뜻으로 쓰이는 재치 있는 우리말입니다.
비슷한 말로 '지저분하다, 더럽다' 가 있습니다.

귀잠

 이번 여름방학을 맞아 홍진이네 가족은 특별한 여행을 하게 되었습니다.

"경호 외삼촌이 잠비아에서 학교를 세우고 아이들 교육에 도움을 주고 계시는 것 알지?"

"어? 아프리카 잠비아에서 커피농장 하신다고 했던 것 같은데…아니에요?"

홍진이의 물음에 어머니가 대답하셨어요.

"맞아, 거기서 친환경농법으로 커피농사도 짓고, 그곳 사람들에게 일자리도 주시고 아이들을 위해서는 학교를 세워서 무료로 교육받게 하신단다."

방학 이틀 후, 홍진이네 가족은 비행기를 두 번씩 갈아타며 20시간 넘게 날아간 끝에 마침내 잠비아에 도착했습니다. 공항에 내린 시간은 오후 8시경이었습니다. 비행기에서 자다가 깨어난 홍진이는 정신이 없었습니다.

"어…벌써 다 온 거야? 아, 졸려…"

홍진이의 말에 누나가 대답했어요.

"지금 오후 8시밖에 안됐는데… 나도 비행기를 오래 타서 그런지, 졸려…"

"잠비아가 한국이랑 시차가 7시간 정도 되거든… 한국에선 지금 한창 잘 시간이라 그런가보다… 여기도 곧 잘 시간이니까, 오늘은 일단 잠부터 자야겠네."

그러는 사이 공항에 마중 나온 외삼촌을 만났습니다.

"이야~~홍진이 왔구나! 이 먼 나라까지 오느라 고생 많았지? 어서들 오세요!"

외삼촌은 홍진이 가족에게 환영인사를 건네고 함께 자신의 집으로 향했습니다. 차를 타고도 몇 시간을 달려가야 하는 거리에 외삼촌의 커피농장이 있었습니다.

울퉁불퉁하고 포장도 되지 않은 어두운 도로를 한참 달려 마침내 외삼촌댁에 도착한 뒤, 모두들 짐을 챙겨 차에서 내리기 시작했습니다.

"다들 얼른 들어가서 씻고 저녁식사부터 하셔야죠! 근데 홍진이는 어디 있어요?"

짐을 다 내릴 때까지도 홍진이는 뒷좌석 구석에 세상모르게 잠들어 있었습니다.

외삼촌은 조카 홍진이가 깨지않도록 조심스레 둘러업으며 말씀하셨습니다.

"어이쿠, 정말 피곤했나 보네! 누가 업어 가도 모르게 귀잠이 들었구나, 하하!"

'귀잠'이란 '아주 깊이 든 잠'을 의미하는 재미있는 우리말입니다.

그악스럽다

정배네 동네에는 쓰레기로 가득찬 집이 하나 있었습니다. 그 집에는 머리가 하얀 할머니가 혼자 살고 있습니다. 사람들은 그 집 근처를 지날 때면 코를 막으며 한마디씩 했습니다.

"어이쿠, 악취 때문에 살 수가 없어요! 집안에 뭘 저렇게 쌓아 두기에 그런 거지?"

"아무도 돌보지 않는 할머니가 혼자 살면서, 길에서 주운 온갖 물건들을 집안 구석구석에 쌓아둔다잖아? 그것도 제대로 된 물건은 하나도 없대요…"

길가에 버려진 수많은 잡동사니들을 가져다 집안에 쌓는 것이 쓰레기 집 할머니의 중요한 하루 일과였습니다. 동네에서는 할머니와 쓰레기 집 때문에 주민회의를 열었습니다.

"저 할머니가 어찌나 **그악스러운지** 아무도 가까이 못 오게 한다니까요! 무슨 말이라도 나눌 수 있어야 도움을 주든지 할 것 아닙니까?"

"무슨 안 좋은 일을 당한 뒤로 저렇게 이상한 행동을 하게 됐다는 소문이 있던데요… 알고 보면 불쌍한 사람이라는데…"

"아무튼 더 늦기 전에 조치를 취해야 할 것 같아요… 무슨 좋은 방법 없을까요?"

그때 한 아주머니가 입을 열었습니다.

"제가 가끔 할머니께 음식을 갖다 드리면서 얘기를 나눠봤어요. 그 집을 마련하신 분이 할머니인데, 남편이 지체장애가 있어서 일을 못하시니 본인이 더욱 **그악스럽게**

살 수 밖에 없었답니다… 20년 만에 겨우 마련한 집에 얼마 못 가 불이 나는 바람에 할머니만 겨우 살아남았대요. 그 후로 저렇게 의지할 데 없이 혼자 살다보니 그리 되신 모양이에요…"

아주머니의 설명에 사람들은 할 말을 잃은 채 고개만 끄덕일 뿐이었습니다.

"흠…그렇군요… 남들 보기에는 그저 억척스럽고 사납게만 보이지만 그분에게 그렇게 아픈 사연이 있었군요… 이제 다 알게 되었으니 우리가 먼저 이해하는 마음으로 다가가도록 노력하죠. 진심이 통하게 되면 틀림없이 좋은 해결방법이 생길 거에요!"

'그악스럽다'는 '①보기에 사납고 모진 데가 있다. ②끈질기고 억척스러운 데가 있다'의 뜻으로 쓰이는 재미있는 우리말입니다.

앞에서는 ①의 뜻, 뒤에서는 ②의 뜻으로 쓰였습니다. 비슷한 말로는 '억척스럽다'가 있습니다.

일을 못하시니 본인이 더욱 **그악스럽게** 살 수 밖에 없었답니다

길라잡이

 정현이의 큰형 정욱이는 얼마 전, 가족들 앞에서 세계여행 계획을 밝혔습니다.

"굳이 학교까지 휴학하고 혼자서 세계여행을 가야겠냐? 그것도 1년씩이나? 생각만큼 쉬운 일이 아닐 텐데… 친구들과 한두 달 다녀오면 충분할 텐데…!"

아들의 이야기를 들은 아버지는 걱정스러운 듯 말씀하셨습니다.

"어휴, 그러게요! 여럿이 같이 가도 걱정인데 혼자서 … 말도 안 돼, 얘!"

어머니도 몹시 근심스러운 듯 뜯어말리셨습니다.

"두 분 걱정하시는 것 아는데요, 지금이 아니면 세계여행은 못할 것 같아서, 꼭 해보고 싶어요. 1년 동안 꼼꼼히 준비했고, 건강하게 무사히 돌아올 테니 허락해주세요."

정욱이는 각오가 단단한 표정으로 이렇게 부모님을 설득했어요.

"형, 혼자 무섭지 않아? 어디로 가야되는지도 모르잖아… 누가 가르쳐주지도 않을 텐데…"

듬직한 형님이지만 어린 정현이도 걱정스러워서 이렇게 이야기했어요.

"걱정 마, 진작부터 꼼꼼하게 조사하고 준비해뒀지. 요즘에는 누가 가르쳐줘서 아는 게 아니고 스스로 찾고 알아보고 하는 거야. 인터넷도 아주 훌륭한 **길라잡이**가 돼주거든!"

"길라잡이? 길라잡이가 뭔데?"

정현이가 묻자 정욱이가 웃으며 대답했어요.

"**길라잡이**는 쉽게 말해서…안내자라고 할까? '길을 인도해주는 사람'이라고 할 수 있지."

그러자 아버지가 생각난 듯 물으셨어요.

"아참, 너 히말라야에도 간다고 했니? 전문산악인들이나 가는 데를 일반인들도 올라가니?"

"걱정 마세요. 요새는 일반인들도 갈 수 있는 코스가 있대요. 그리고 길안내를 도와주는 '셰르파'들도 있어요."

"셰르파는 뭐야, 형?"

"히말라야 등산에서 산 안내인를 셰르파라고 부르는데, 길을 인도해 주는 사람이니 쉽게 말해 산에서의 길라잡이라고 할 수 있지."

'**길라잡이**'란 '길잡이', '길을 인도해 주는 사람이나 사물'을 의미하는 재치 있는 우리말입니다.

깜냥/깜냥깜냥

어울렁다리 건넛마을에는 형제 농부가 살고 있었습니다. 그런데 욕심쟁이 동생은 형님에게 지지 않으려고 항상 형님 눈치를 살폈습니다. 형님이 참외농사를 지어 돈을 좀 버는 것을 본 동생도 지난해부터 덩달아 참외농사를 시작했습니다.

"지난해에는 내가 참외농사를 망했지만… 올해는 내가 더 많이 벌어들일 테다…!"

동생은 아침마다 눈을 뜨기 무섭게 형님네 참외밭으로 가서 참외모종을 얼마나 심었는지, 얼마나 잘 자라고 있는지 살피느라 바빴습니다.

"어, 동생 왔나? 오늘은 왜 또 왔냐? 이렇게 날마다 우리 밭에 쫓아올 시간 있으면 너희 밭에서 깜냥껏 부지런히 일을 해야 되지 않겠냐~ 누가 보면 네가 우리 밭 주인인줄 알겠다?"

형님은 자기 밭일은 하는 둥 마는 둥 하고 남의 밭만 기웃거리는 모습이 안타까워 이렇게 타일렀으나 동생은 콧방귀만 뀌었습니다.

"헹! 형님이 왜 참견이세요? 내가 내 발로 지나는 길에 형님 안부 살피러 들렀는데… 어째서 오라 가라 하십니까?"

"이 녀석아, 작년에도 참외가 전부 병들어서 잎들이 다 말라 죽도록 제대로 돌보지 않아서 농사 망쳤잖아? 올해는 처음부터 꼼꼼하게 챙겨서 돌보아주어야 수확을 잘 거둘 것 아니니? 왜 그러고 왔다갔다만 하느냔 말이야!"

"하하, 그런 걱정이라면 붙들어 매셔요! 우리 참외 하우스 배수로도 이미 잘 갖춰 놨고 올 여름 일조량도 확인해서 **깜냥깜냥** 방법을 다 찾아놨어요! 왜요, 형님, 올해는 내가 틀림없이 이길 것 같으니까 걱정스러워서 그러세요?"

동생은 이렇게 약올리 듯 큰소리를 치고는 쌩하니 돌아서가기 시작했습니다. 그것을 본 형님은 한숨을 내쉬며 이렇게 중얼거렸습니다.

"허참…그 녀석…한 평도 안 되는 텃밭 관리할 **깜냥**도 못 되면서 무슨 욕심만 저렇게 많은지… 5백 평이나 되는 참외하우스를 언제 관리하려고…쯧쯧…"

'깜냥'이란 '스스로 일을 헤아림, 또는 헤아릴 수 있는 능력'을 뜻하는 재미있는 우리말입니다 '깜냥깜냥'은 '자신의 힘을 다하여'라는 뜻으로 쓰입니다.

꽃불

오늘은 순덕이네 마을에 큰 잔치가 벌어졌습니다.

이 산골 오지마을 출신인 순덕이 사촌오빠가 서울에서 유명한 의과대학에 합격한 것입니다.

"이야~ 우리 마을에서 의사가 탄생했단 말이지?"

"아이고, 아직은 아니지? 이제 의과대학에 들어갔다는 소리잖아?"

"어쨌거나 곧 의사가 되는 것은 맡아놓은 일이니까, 동네잔치를 하고도 남지!"

순덕이 큰아버지는 장한 아들을 위해 며칠 전부터 소를 잡고 온갖 음식을 풍족하게 마련하였습니다. 주말 오후, 마을회관에 동네사람들이 모두 모여 흥겨운 시간을 보내게 되었습니다.

"자, 여러분~ 우리 막내 영철이가 서울 의과대학에 당당히 합격하여 곧 의사가 되는 일만 남았습니다! 모두 여러분의 응원 덕분이라고 생각합니다. 오늘은 마음껏 드시고 즐기시기 바랍니다, 감사합니다!"

순덕이 큰아버지의 인사말이 끝나고 모두들 흥겨운 시간을 보내며 밤이 깊어갈 무렵, 밖에서 폭죽 터지는 소리가 들려왔습니다. 누군가 축하의 뜻으로 폭죽을 쏘아 올렸나 봅니다.

"이야~! 정말 멋지다! 꽃불이로구나! 캄캄한 하늘에 화려한 무늬가 아주 보기 좋구나!"

"우와~ 꽃불놀이다~~!"

어른들도 아이들도 창밖으로 고개를 내밀고 어두운 하늘 한가운데서 멋지게 반짝이는 불꽃무늬를 감상했습니다. 그때였습니다. 누군가 황급히 달려와 이렇게 소리쳤습니다.

"아이고 큰일 났어요!! 저기, 영철아버지 집에 불이 난 것 같아요! 어서 가보세요!"

"불이라니? 그게 무슨 소리에요? 우리 집에?"

"꽃불놀이 불똥이 그리 튀어서 그런지 어쩐지, 영철이네 외양간에 꽃불이 번져서 난리가 났다고요!"

"아이고 세상에! 우리 영철이 의대 등록금 대려고 키우는 귀한 소들 죽으면 안 되는데…"

순덕이 큰아버지는 발을 동동 구르며 집으로 달려갔습니다.

'꽃불'은 '①이글이글 타오르는 불, ②축하의 뜻으로 총이나 포로 쏘아 올리는 불꽃'이라는 뜻의 아름다운 우리말입니다.

영철이네 외양간에 꽃불이 번져서 난리가 났다고요!

ㄴ 으로

시작되는 아름답고 재미있는
우리말을 알아보아요

나부대다

"전화 왔어용~! 전화 왔어용~~!"

부엌에서 김치를 담그느라 분주한 동철이 어머니의 휴대전화가 울렸습니다. 무심코 전화를 받은 어머니는 깜짝 놀라서 외쳤습니다.

"네에-? 우리 동철이가요? 어머나 세상에…이게 웬일이니? 알겠습니다, 당장 갈게요…네."

어머니가 부랴부랴 도착한 곳은 사거리에 있는 정형외과였습니다.

"어머나, 세상에… 얘, 동철아, 어쩌다 이렇게 된 거니? 누가 떠밀었니, 싸웠어?"

한쪽 발목에 응급처치를 받고 응급실에 누워있는 동철이를 발견한 어머니가 달려와 침대 곁에 서있는 친구들을 돌아보며 물으셨습니다.

"아…그게 아니라… 엄마…그냥 내가 다친 거야…

동철이가 겸연쩍은 얼굴로 이렇게 대답하자 옆에 서있던 담임선생님도 입을 열었습니다.

"동철이 어머니세요? 동철이가 학교에서 조금 다쳤습니다. 죄송합니다… 제가 아이들 관리감독을 잘 못했습니다…"

그제서야 어머니는 알겠다는 표정으로 이렇게 말했습니다.

"아이고, 아니에요, 선생님이 무슨 잘못이 있으실까요… 쟤, 동철이가 한시도 가만히 있지 못하고 **나부대다**가 그랬을 게 뻔하네요… 너희들이 같이 놀다가 그런 거니?

너희는 다친데 없니? 어쩌다 그랬니 그래?"

"동철이가요…청소시간에…창틀에 올라가서 자기가 아이언 맨이라며…양철통 뒤집어쓰고 뛰어내렸거든요…그래서 발목을 다쳤대요… 저희들은 잘못한 거 없어요, 아줌마…"

친구들은 걱정스러운 듯 울상이 되어 머뭇거리며 이렇게 설명했어요.

"그래, 그랬을 거야…재가, 그렇게 까불거릴 때부터 알아봤지… 걱정 말고 너희들은 집에 가도 돼! 선생님도 저한테 맡기고 돌아가세요. 걱정 끼쳐서 정말 죄송합니다… 모든 것은 장난칠 때나 아닐 때나 가리지 못하고 촐랑거리고 나대는 아들 둔 제 잘못이지요…"

어머니는 머리가 땅에 닿도록 고개를 숙였습니다.

'나부대다'는 '얌전히 있지 못하고 철없이 촐랑거리다'의 뜻을 가진 재미있는 우리말입니다. 비슷한 말로 '까불다, 나대다'가 있습니다.

동철이가 한시도 가만히 있지 못하고 **나부대다**가 그랬을 게 뻔하네요

너렁청하다

추석을 맞아 천주교신자인 경준이네 가족은 용인에 있는 천주교 공원묘원으로 성묘를 갔습니다. 그곳에는 할아버지와 할머니가 잠들어 계십니다.

"성묘 때마다 이렇게 길이 밀리고 막히는데…대중교통이 닿지를 않으니 차를 가져오지 않을 수도 없고 말이야…"

아버지가 성묘객들의 승용차들로 꽉 막힌 주차장 같은 도로에서 두어 시간째 가다 서다를 반복하며 이렇게 말씀하셨습니다.

"몇 년 전보다도 길은 더 넓어지고 다듬어졌는데도 하루가 다르게 자동차가 늘어나니까 넓어진 길도 별 도움이 안 되네요…"

어머니도 꽉 막힌 차 창밖을 내다보며 답답한 듯 말씀하셨습니다.

마침내 서울을 출발한 지 3시간이 넘어서야 경준이네 가족은 공원묘원에 도착했습니다. 그러나 거기서도 다시 가파른 산비탈을 타고 만들어진 좁은 길을 승용차로 한참 더 올라간 곳에 할아버지 할머니의 산소가 있었습니다.

"으아아~ 이제야 도착했네! 아침에 출발했는데 벌써 점심때가 됐어요. 배고파요!"

경준이가 끙끙거리며 성묘음식과 갖가지 보따리를 들어다 옮기며 이렇게 말했습니다.

"아, 그래도 할아버지 할머니 산소에 오니까 좋지 않니? 저 앞을 좀 봐라, **너렁청하니** 이런 전망 좋은 곳은 서울에선 찾을 수도 없잖아?! 공기도 맑고…스흡~~하~~~!"

44

아버지는 오랜만에 찾은 부모님 산소 앞쪽으로 시야가 넓게 트인 경관을 가리키며 심호흡을 하셨습니다.

"맞아요, 성묘 오는 길을 힘들지만 여기 꼭대기에 오르고 나면 바람도 시원하고 눈도 가슴도 뻥 뚫리는 것처럼 넓게 트여서 속이 시원해요~"

의젓한 경준이의 말에 아버지는 뿌듯한 심정이 되어 이렇게 말씀하셨습니다.

"그렇지, 조상님께 성묘하는 게 꼭 힘들고 어려운 일만은 아니지? 이렇게 기분전환도 할 수 있고 말이야… 이게 모두 다 조상님 덕분 아니겠니? 하하!"

'너렁청하다'라는 표현은 '탁 트여서 시원스럽게 넓다'의 뜻으로 쓰이는 재치 있는 우리말입니다.

저 앞을 좀 봐라. **너렁청하니** 이런 전망 좋은 곳은 서울에선 찾을 수도 없잖아?

노루잠

 며칠 전 동해안으로 여행을 가던 연희네 가족은 뜻밖의 교통사고를 당하고 말았습니다.

해질 무렵 연희네 가족이 탄 승용차를 뒤에서 달려오던 대형트럭이 졸음운전끝에 추돌한 것입니다. 모두들 안전벨트를 하고 있어서 끔찍한 부상을 입은 사람은 없었지만 즐거운 휴가는 그렇게 끝이 나고 말았습니다.

"아이고 이게 웬 날벼락이냐~ 온 가족이 큰 일 날 뻔 했구나!"

할머니와 할아버지, 고모, 이모를 비롯한 모든 친척들이 사고소식을 듣고 병원으로 달려왔습니다. 입원실에는 연희네 식구 네 사람이 모두 입원하고 있었습니다.

"그래도…더 큰 일은 나지 않아서 다행이에요… 걱정 끼쳐서 죄송합니다…"

연희 아버지가 목에 깁스를 한 채 이렇게 이야기했습니다.

"어른인 저희는 괜찮은데 연희랑 연수는 아직 어린애들이라… 많이 놀란 것 같아요…"

연희 어머니도 목과 한쪽 팔에 깁스를 한 채 이렇게 이야기했어요.

"그러게 말이다, 아까 보니 잠들었다가 자꾸 깜짝깜짝 놀라 깨는 것 같더라만…"

할머니가 병실 침대에 누워 있는 손주들을 돌아보며 소곤거렸습니다.

"맞아요, 밤에는 더 심하게 깊이 잠들지 못하고 자꾸 놀라 깨더라고요… 아이들한테는 충격이 특히 더 컸을 거에요…"

연희 어머니가 걱정스러운 듯 연희와 연수 남매를 바라보며 이야기했습니다.

"얘, 그것 큰일 아니니? 겉으로 부러지거나 찢어진 상처는 시간이 지나면 아물지만 드러나지 않는 상처는 더 오래 간다는데… 겉보기엔 멀쩡해도 골병이라도 들었으면 어쩌니… 애들이 그렇게 **노루잠**을 잔다니 정말 걱정이구나… 어린 것들이 얼마나 놀랐으면 그럴까? 어휴~~검사는 다 제대로 해본 거니?"

할머니가 더욱 걱정스러운 듯 이렇게 되물으시자 연희 아버지가 깁스한 목을 어루만지며 이렇게 대답했습니다.

"아무래도 시간이 좀 지나보아야 알 것 같아요. 어른인 저희도 잠을 잘 못자는데, 애들은 말할 것도 없겠지요…"

'노루잠'이란 '깊이 들지 못하고 자꾸 놀라 깨는 잠'을 뜻하는 재미있는 우리말입니다.

애들이 그렇게 **노루잠**을 잔다니 정말 걱정이구나

눈엣가시

 "헤헤, 이것 봐라~ 이렇게 맛좋은 꿀을 다른 곳에서는 찾기 어려울 거야! 부럽지?"

가끔 왕봉산 도깨비들과 마주칠 때면 꿀봉산 도깨비들은 달콤한 벌꿀을 핥아가며 이렇게 약을 올렸습니다. 달콤 벌꿀 때문에 왕봉산에 사는 왕뿔 도깨비들과 이웃한 꿀봉산의 외눈이 도깨비들은 사이가 나빴습니다.

"에이 씨, 저것들만 없으면 우리도 저 맛난 꿀을 실컷 먹을 수 있을 텐데…"

"어휴, 배 아파~ 나도 진달래 꿀, 아카시아 꿀, 야생화 꿀 다 좋아하는데…"

왕봉산 도깨비들은 꿀이 먹고 싶어 군침을 흘리면서도 방법이 없어서 발만 굴렀습니다.

높고 험한 바위로 이루어진 왕봉산에 비해 나지막한 봉우리들로 이루어진 꿀봉산에는 봄여름이면 꿀벌들이 좋아하는 꽃들이 많이 피었습니다. 그래서 꿀봉산에는 꿀벌들이 모아둔 벌꿀 통이 많이 있었습니다. 덕분에 꿀봉산 도깨비들은 맛좋은 벌꿀을 실컷 먹을 수 있었지요.

어느 날, 왕봉산 도깨비들이 왕뿔을 맞대고 회의를 열었습니다.

"우리도 맛난 벌꿀을 먹으려면 어떻게 해야 할지, 좋은 생각 있으면 말 좀 해봐!"

"그냥…좀 나눠달라고 하면 안 될까? 우리 황금방망이랑 꿀이랑 바꿔먹어도 되고…"

"말도 안 돼! 차라리 저 **눈엣가시**같은 외눈박이들을 꿀봉산에서 내쫓아버리자!"

"그래! 좋은 생각이다! 그런데…어떻게 내쫓지?"

"산에다 불을 지르면 도망가지 않을까? 그럴 때 얼른 벌꿀 통을 싹 쓸어 오면 되잖아?"

"이야~! 그거 참 좋은 생각이다! 왜 그 생각을 못했지? 당장 꿀봉산에 불 지르러 가자!"

그날 밤, 외눈이 도깨비들이 잠자는 시간을 틈타 왕봉산 도깨비들은 꿀봉산에 불을 질렀습니다. 잠결에 놀란 외눈이 도깨비들은 불길을 피해 멀리멀리 달아났습니다.

얼마 후, 불길이 잦아들자 왕뿔 도깨비들이 꿀봉산에 들어갔습니다. 불 꺼진 숲 사이를 신나게 헤치며 벌꿀 통을 찾아다녔습니다. 그런데 아무도 꿀을 먹을 수는 없었습니다.

"세상에… 벌꿀 통까지 불에 타서 다 흘러버렸잖아? 먹을 수 있는 꿀이 하나도 없어…"

"어휴…그럴 줄 알았다! 우리가 멍청했어… 바보같이 꿀 때문에 산에 불을 지르다니…"

'눈엣가시'란 ①몹시 밉거나 싫어 늘 눈에 거슬리는 사람. ②남편의 첩'을 가리키는 재미있는 우리말입니다. 여기서는 ①의 뜻으로 쓰였습니다.

눙치다

아침이 되었습니다. 어머니는 가족들을 위하여 아침 식사를 정성껏 준비합니다. 그러는 사이 고등학생 큰아들 성훈이는 조금 더 자느라고 버티다가 평소보다 더 늦잠을 자고 말았습니다.

"아악~! 뭐야, 왜 이렇게 시간이 늦었지? 엄마, 나 왜 안 깨웠어요?"

"난 한 시간 전부터 깨웠어… 네가 안 일어난 거지… 아침밥 좀 먹고 가라고 그렇게 깨워도 안 일어나더니 무슨 소리니?"

어머니는 시치미를 떼며 이렇게 말씀하셨습니다.

"어휴 지겨워~! 그 밥 소리 좀 그만하세요! 밤늦게까지 학원수업 받고 오는데, 밥보다 잠이 더 중요하지… 어휴 짜증나…밥, 밥, 밥…아침부터 밥 먹으라 소리 좀 제발 그만 좀 해! 에잇, 오늘도 엄마 때문에 지각이야!!"

성훈이는 지각하게 된 것이 어머니 탓이라는 듯 온갖 짜증을 내고 화풀이를 해대며 쾅 소리가 나도록 문을 닫고 뛰쳐나갔습니다.

그러나 학교에 간 성훈이는 아침에 그렇게 뛰쳐나온 일이 내내 마음에 걸렸습니다.

"엄마, 죄송해요…제가 아침에 버릇없이 굴었어요…엄마 마음 잘 아는데, 늦잠 잔 것 때문에 엄마한테 화풀이했어요… 한번만 용서해주세요, 다음부턴 절대 안 그럴게요…"

얼마 후, 성훈이는 어머니께 전화를 걸어 이렇게 용서를 빌었습니다.

"뭐라고? 이번에도 은근슬쩍 전화 한 통으로 **눙치겠다고**? 다 필요 없고, 일주일에 딱 세 번 만 아침밥 먹어준다면 지금까지의 잘못은 모두 넘어가 주지. 어때?"

잘못을 뉘우치고 먼저 용서를 구하는 아들에게 어머니가 이렇게 제안했습니다.

"어휴…알았어요, 엄마. 그렇게 하도록 노력할 게요… 그럼, 용서해주시는 거죠?"

"그래…너야말로 약속한 거다?! 잘못을 알고 먼저 반성하는 게 중요하니까… 그러고 보니 네가 엄마 마음 **눙치는** 재주는 있구나…"

'눙치다'는 '①마음 따위를 풀어 누그러지게 하다. ②어떤 행동이나 말 따위를 문제 삼지 않고 넘기다'의 뜻을 지닌 재미있는 우리말입니다. 앞에서는 ②의 뜻, 뒤에서는 ①의 뜻으로 쓰였습니다. 비슷한 말로 '누그러뜨리다'가 있습니다.

늘품

　오후 2시, 오 씨 할아버지는 서울 고속버스터미널에서 버스를 내렸습니다. 할아버지는 막내딸에게 올해 수확한 농산물을 가져다주러 오셨습니다. 할머니가 정성껏 챙겨주신 농산물이 담긴 트렁크를 끌고 길가에 선 할아버지는 복잡한 도심 풍경에 어지럼증을 느꼈습니다.

"막내야, 나 서울 도착했다. 금방 집으로 찾아 갈 테니 걱정 말고 기다리거라!"

"아이고, 아버지! 왜 연락도 않고 오셨어요? 미리 말씀하셨으면 마중 나갈 텐데… 제가 지금 갈 테니까 어딘지 말씀하세요…"

"걱정 말어~! 내가 서울 구경하는 재미로 너한테 한 번씩 오는데, 애비가 바보냐, 너희 얼마 전에 이사한 새 주소도 잘 챙겨왔겠다, 뭐가 걱정이냐. 기다려라!"

오 씨 할아버지는 딸에게 전화를 걸어 이렇게 큰소리 치고는 버스를 타기 위해 정류장에서 서성이기 시작했습니다. 그러나 한참을 기다려도 타야 할 버스는 오지 않았습니다. 지나가는 사람들에게 물어보려 해도 뭐가 그리 바쁜지 모두들 황급히 지나쳐 가버렸습니다.

"이상하네…내가 엉뚱한데서 헤매는가보다… 아직도 차를 못 탔네…"

당황한 할아버지가 딸에게 다시 전화를 걸었습니다.

"네에? 벌써 2시간이나 지났는데… 지금이라도 모시러 갈 테니 그곳에 가만히 계세요…"

행여나 하고 집에서 기다리던 딸도 깜짝 놀라 이렇게 말했습니다.

그때였습니다. 오 씨 할아버지의 통화내용을 곁에서 우연히 듣게 된 남학생이 말을 걸었습니다.

"할아버지, 길 잃으셨어요? 멀리서 오신 듯한데 어디로 가시죠? 제가 도와드릴게요…"

남학생은 목적지로 가는 버스를 탈 수 있는 곳으로 할아버지를 모시고 갔습니다. 그리고 막내딸과 전화통화를 하여 할아버지가 버스를 타실 것이라고 알려주었습니다.

"할아버지, 이 버스 타고 '백화역'에서 내리시면 따님과 만나게 되실거에요."

할아버지가 버스에 오르자, 남학생은 버스기사에게도 당부의 말을 잊지않았습니다. 차창 밖으로 멀어지는 학생에게 손을 흔들며 할아버지는 감격한 듯 이렇게 말씀하셨습니다.

"허, 그 청년 **늘품**이 대단히 기대가 되는구나! 처음 보는 노인한테도 저렇게 친절하고 예의바른 젊은이는 요즘 참 보기 드물지! 정말 훌륭한 인물이 될 거야, 아무렴!"

'늘품'이란, '앞으로 좋게 발전할 품질이나 품성'을 뜻하는 아름다운 우리말입니다.

늦둥이

 "아이고~~ 이게 무슨 소리야~! 우리 복순이가 어떻게 됐다구? 흐으흑…"

사고소식을 들은 복순 아버지가 안절부절 못하며 날쌔게 달려간 곳은 동네병원이었습니다.

"복순아, 우리 복순이 어디 있냐? 응~?"

아이의 이름을 부르며 허겁지겁 뛰어 들어간 응급실의 한 침대에 다섯 살 난 여자아이가 다리에 붕대를 감고 누워 있었습니다.

"아빠~~~! 으아앙~~~~~~! 아빠 아빠, 나 아파…흑흑…"

놀란 얼굴로 뛰어온 아버지의 소리에 어린 딸 복순이는 서러운 울음을 터뜨렸습니다.

"오냐오냐, 복순아 괜찮으냐, 어떠냐. 잉? 많이 아팠쩌? 그래그래 괜찮다…아빠 왔다…"

복순 아버지는 딸의 얼굴을 보고서야 안심이 되는 듯 주위를 둘러보다가 곁에 서있던 아내를 뒤늦게 알아보았습니다. 그리고는 화를 내기 시작했습니다.

"이 사람아, 귀한 우리 복순이를 어떻게 했길래 다리에 흠집이 나게 만들어? 엉!"

"아이고…별일 아니에요, 아이가 집안에서 왔다 갔다 하다가 자기 장남감에 제풀에 걸려 넘어져 좀 까진 걸 가지고…으이구…"

큰일도 아닌 일로 유난을 떠는 남편이 이해되지 않는 듯 아내가 시큰둥하게 말했습니다.

"이사람, 하는 소리 좀 보게! 내가 50살이 넘어서야 얻은 귀하디귀한 딸내미가 그런 큰 사고를 당했는데 별일 아니라니!! 큰일 낼 사람이네~"

"뭐라고요? 나야말로 그 귀한 **늦둥이** 키우느라 팍삭 늙어서 하루하루가 힘들어 죽겠다고요! 늙은 마누라 고생하는 것은 보이지도 않고, 아이 무르팍 좀 까진걸 가지고 웬 오두방정이십니까요? 정말 입원해야 될 사람은 누군데… 보자보자 하니까 아주 눈꼴이 시어서 못 봐주겠구만요~ 흥!"

아내의 타박에도 아랑곳없이 복순 아버지는 복순이를 품에 안은 채 이렇게 중얼거렸습니다.

"이 나이에 이렇게 천사 같은 딸 가진 사람 또 있으면 나와 보라 그려~! 우리 복순이는 그냥 **늦둥이**가 아니라 복덩이라니까!"

'**늦둥이**'는 '①나이가 많이 들어서 낳은 자식. ②당찬 기운이 없이 어리석은 사람.'을 뜻하는 재치 있는 우리말입니다. 여기서는 ①의 뜻으로 쓰였습니다.

ㄷ 으로

시작되는 아름답고 재미있는
우리말을 알아보아요

단비

… 이번 여름 무더위는 다른 때보다 일찍 찾아오고 오래갈 것 같습니다… 노약자들께서는 무더운 여름철 건강에 특히 주의하시기 바랍니다… 다음 소식입니다 …

저녁 뉴스에서 올여름 날씨에 관한 예보가 흘러나오자 할아버지가 이렇게 말씀하셨습니다.

"우리 같은 노인들은 체온조절이 잘 안돼서 여름나기가 힘들지. 이번 여름도 걱정이네…"

그러자 옆에 있던 손녀 정연이가 시원하게 여름나는 방법을 알려드립니다.

"할아버지, 여름엔 더워서 걱정이신 거죠? 그럼, 저랑 같이 수영장에 가서 수영하면서 시원하게 지내시면 되잖아요?!"

"허허허~! 그러냐? 그렇게 쉬운 방법이 있는데 할아버지가 모르고 있었구나? 허허허…"

할아버지는 여덟 살 난 손녀의 똑 부러지는 이야기에 너털웃음을 터뜨리셨습니다.

"아이고, 이 녀석아~ 80세도 넘으신 꼬부랑 할아버지가 어떻게 수영장에 가서 수영을 하시겠니… 수영장엔 너 같은 꼬맹이들만 바글바글한데 말이다…"

정연 아버지가 어처구니가 없다는 듯 코웃음을 치자 어머니도 이렇게 말씀하셨습니다.

"아무리 더운 여름이라도 한 번씩 비가 와주면 더위를 식혀주고 좋은데, 한창 더울 때 소나기도 잘 오지 않다가 태풍이 올 때는 며칠씩 퍼붓듯이 비가 오니 문제죠…"

"그렇지, 필요할 때 적당히 내려주면 사람한테도 좋고 모두에게 좋은데 말이야…"

"그나저나 아직 4월인데 기온이 높고 비가 너무 안 와서 농사짓는 사람들은 걱정이 큰가 봐요. 단비가 좀 와줘야 할 텐데…"

그때, 어른들의 이야기를 듣고 있던 정연이가 어머니께 여쭈었습니다.

"엄마, 단비가 뭐에요?"

"장마나 태풍처럼 너무 많은 비가 한꺼번에 내리면 피해를 입을 수도 있잖아? 하지만 필요할 때 적당하게 내려주면 우리에게 도움이 되겠지? 그래서 '적당하게 알맞게 필요한 때 내리는 비'는 꿀처럼 달콤하게 느껴질 것 아니겠니? 그래서 단비라고 하는 거겠지."

"응… 꿀처럼 달콤한 비라서 단비로구나…!"

어머니의 설명을 들은 정연이가 고개를 끄덕이며 이렇게 중얼거렸습니다.

'단비'는 '꼭 필요한 때 알맞게 내리는 비'라는 뜻의 아름다운 우리말입니다.'

더펄머리

동엽이네 집 앞 공터에는 허름한 컨테이너가 있습니다. 예전에 근처 공사장 사무실 용도로 쓰던 컨테이너는 공사가 끝난 뒤에도 그대로 방치되고 있었습니다. 동네 사람들은 흉물스럽고 지저분한 그것을 다른 곳으로 옮기고 싶었으나 주인을 찾지 못하고 있었습니다.

"창문으로 들여다보면 쓰레기만 가득하고, 주인도 나타나지도 않고… 왜 그럴까요?"

동네 사람들은 근심어린 얼굴로 컨테이너를 지켜보았습니다.

그런 컨테이너에 어느 날부터 사람이 들락거리기 시작했습니다. 더펄더펄 날리는 머리털과 수염이 더부룩하니 초라한 행색의 그 남자는 동네를 돌며 폐지와 고물 따위를 모아오는 듯 했습니다.

"어느 날부터 저 컨테이너에 떠돌이가 살기 시작했어! 그냥 두어도 될까?"

"아이들에게 해코지라도 하면 어떡하죠?"

"동네가 더 위험해지는 것 아니에요? 이상한 사람이 사니까 무서워서 지나가기도 싫어요…"

사람들은 저마다 컨테이너 근처에서 남자를 지켜보며 걱정스레 수군거렸습니다.

얼마 후, 동엽이 아버지는 때마침 컨테이너에 사는 남자를 만나고 돌아가는 한 노인을 발견하고 다가가 말을 걸었습니다.

"여보세요, 영감님! 저기 사는 **더펄머리** 사내와 아는 사이인가요? 어떤 일로 만나셨는지 말씀해주실 수 있으세요?"

그러자 할아버지가 이렇게 말씀하셨습니다.

"**더펄머리**? 아, 컨테이너에 사는 강 씨 말이오? 내 친구의 아들인데 지난해 집에 큰불이 나서 모두 잃고 오갈 데가 없다고 해서 잠시 지내게 했다오."

"그럼, 할아버지가 컨테이너 주인이십니까? 왜 그동안 컨테이너를 치우지도 않고 방치해 두신 거죠? 그 사람은 또 뭡니까?"

이렇게 따지고 드는 동엽이 아버지에게 노인은 다음과 같이 큰소리를 쳤습니다.

"컨테이너를 방치한 건 내 잘못이지만, 그 사내도 컨테이너도 곧 다른 곳으로 옮길 테니 걱정 마십시오. 행색은 그래도 성실한 사람이라는 점은 내가 보증합니다!"

'**더펄머리**'는 '더펄더펄 날리는 더부룩한 머리털 또는 그런 머리털을 가진 사람'을 가리키는 재미있는 우리말입니다.

데면데면하다

"여기 이 그릇은 얼마에요? 세트가 몇 개죠? 저 접시는 얼마짜리죠? 이 주전자는요?"

그릇가게에 한 손님이 들어와 구경을 하다가 가까이 있는 점원에게 가격을 물었습니다.

"아… 그 여러 가지 그릇들은… 가격표를 찾아봐야 될 것 같은데요… 모두 사실 거에요?"

그릇들을 옮겨 전시하는 일을 하고 있던 점원은 물건 가격을 한 가지도 얼른 대답하지 못한 채 머뭇거리기만 했습니다.

"네? 어떤 걸 살지는 아직 모르고, 가격부터 알고 싶은데, 물건 값을 잘 모르세요??"

손님은 점원의 태도가 별로 마음에 들지 않는 듯 퉁명스레 다시 물었습니다.

"아뇨…여러 가지를 한꺼번에 물으시니까… 잘 생각이 안 나서요… 살 물건을 먼저 정하시면 그때 가격 확인해서 알려드리면 안 될까요?"

"뭐라구요? 아, 됐어요…"

점원의 태도에 짜증이 난 손님은 반대쪽에 있던 사장에게 다가가 이렇게 물었습니다.

"사장님, 저쪽 혼수용 코너에 있는 그릇들의 가격 좀 알고 싶은데요?"

그러자 사장이 혼수용 그릇 코너를 건너다보며 대꾸했습니다.

"아, 예~ 그쪽 담당자가 잘 설명해 드리지 않던가요?"

"담당자요? 저 회색셔츠 입은 사람이요? 저분은 이런 데서 일하기 힘들 것 같아요… 왜 그렇게 데면데면한지…뭘 물어도 모르는 건지, 알려주기 싫은 건지… 좀 그러네요."

"아, 그랬습니까? 저 녀석이 사실 제 조카인데, 여기서 일한지 이제 이틀밖에 안 되서 그럴 겁니다… 정말 죄송합니다…"

그때였습니다. '와장창창~쿠장창~!' 매장 한쪽에서 그릇 깨지는 소리가 들려왔습니다.

"아이쿠, 녀석아! 행동을 조심해야지, 그렇게 데면데면해서야 그릇가게에서 어떻게 일을 제대로 하겠냐?! 어휴…"

사장은 그럴 줄 알았다는 듯, 고개를 절레절레 저으며 한숨을 내쉬었습니다.

'데면데면하다'는 '①사람을 대하는 태도가 친밀감이 없이 예사롭다. ②성질이 꼼꼼하지 않아 행동이 신중하거나 조심스럽지 아니하다.'의 뜻으로 쓰이는 재미있는 우리말입니다. 앞에서는 ①의 뜻, 뒤에서는 ②의 뜻으로 쓰였습니다.

도담도담/도담도담하다

30년 동안 외국에서 사시던 은미 큰아버지가 한국에 오셨습니다.

가끔 사진이나 전화통화로 친척끼리 안부를 전하며 지내던 은미네 가족이 큰아버지를 다시 만나는 것은 10년만이었습니다.

"그동안 정신없이 일하느라 한국에 자주 못 왔는데, 이제는 하는 일없는 노인이 됐으니 자주 놀러와야겠구나! 허허허~"

60세의 큰아버지는 막내 동생인 은미 아버지 가족을 만난 자리에서 이렇게 말씀하셨습니다.

"큰아버지, 안녕하셨어요? 저 초등학교 1학년 때, 한국 오셨을 때 기억이 나요…"

은미는 어렴풋한 기억속의 큰아버지를 떠올리며 이렇게 인사했어요.

"아, 그래…네가 은미로구나! 우리 막내 꼬맹이조카도 그동안 숙녀가 다됐구나! 너희들이 3남매였지, 아마? 하하하~ 그럴 줄 알고 너희들 선물도 많이 가져왔지!"

"네, 큰아버지 안녕하세요, 저는 은미 언니, 은정이이고요, 얘는 둘째 은철이에요."

은미의 언니와 오빠도 큰아버지와 이렇게 반가운 인사를 나누었습니다.

"하하, 그래그래! 너희 남매들 아주 잘 컸구나! 이제 시집장가 가도 되겠다! 엄마 아빠가 너희들 보고 있으면 든든하겠구나!"

"네, 그렇습니다. 형님! 사는 일이 힘들어도 **도담도담** 잘 커주는 애들 덕분에 기운이 나고 살맛이 나죠."

은미 아버지가 형님의 말에 이렇게 맞장구를 치자 곁에 계시던 80대의 할머니가 큰아들을 향해 한마디 하셨습니다.

　"야, 큰애야! 네가 지금 남 부러워할 때가 아니다! 넌 도대체 언제 장가를 갈래? 아직도 장가를 못가고 그냥 할배가 돼버렸으니 어쩌냐? 너도 **도담도담한** 애들 낳고 살고 싶지 않냐?!"

　그러자 큰아버지는 이렇게 너스레를 떨었습니다.

　"아이…어머니도 참… 제가 이제 겨우 60살인데요, 뭐… 갈 때가 되면 가겠죠… 아직은 좋은 사람을 못 만나서 그런 거에요…아하하하…"

'도담도담'은 '어린아이가 탈 없이 잘 놀며 자라는 모양.'을 뜻하는 아름다운 우리말입니다. '도담도담하다'는 '여럿이 모두 야무지고 탐스럽다.'의 뜻으로 쓰입니다.

돌꼇잠

"어머, 얘…너 왜 그러니? 어디 다쳤니? 정호 형이 때렸니?"

찡그린 표정의 석진이가 머리를 만지며 방에서 나오는 것을 본 이모가 이렇게 물었습니다.

"아니야, 엄마! 내가 왜 석진이를 때려요? 아니라고요!"

뒤따라 나오던 사촌 형 정호가 펄쩍 뛰자 석진이가 이렇게 이야기했습니다.

"아…아뇨…그냥…침대에서 떨어졌나봐요… 밤에 자다가요…"

제주도에 사는 석진이는 방학을 맞아 어머니와 함께 서울 이모 댁에 놀러왔습니다. 그리고 그날 밤 사촌형과 침대에서 잠들었으나 다음날 석진이가 눈을 뜬 곳은 방바닥이었습니다.

"으이구, 내가 그럴 줄 알았지! 석진이 잠버릇이 나빠서 그런 거니까 걱정 안 해도 돼요."

석진 어머니가 언니인 정호 어머니에게 이렇게 이야기했습니다.

"그게 무슨 소리야? 석진이 잠버릇이 어떻길래 침대에서 떨어지기까지 하니?"

"쟤가 아기 때부터 한자리에서 잠을 못자고 돌꼇잠을 자더라니까! 침대에서 재우면 괜찮을까 했지만 소용없어요…침대 위에서 잠들어도 아침에는 바닥에서 깨어나더라고요. 잠만 잤다 하면 온 방안을 헤집고 굴러다니거든. 그러니 자기 머리만 아프겠지…"

정호 어머니는 동생의 설명에 걱정스러운 듯 이렇게 말씀하셨습니다.

"그렇구나…하루 이틀도 아니고 늘 그러면 어떡하니? 한자리에서 편히 푹 자야 피로도 풀리고 할텐데, 자는 동안 그렇게 이리저리 굴러다니노라면 깊이 잠들지 못 하잖니? 그래서야 잠을 자도 잔 것 같지 않을 텐데…쯧쯧쯧…"

그러자 석진이가 이모의 말에 맞장구를 치며 이렇게 말했습니다.

"아…맞아요, 이모. 그래서 그런가, 자고 일어나도 개운하지 않고 온종일 피곤하고 그래요…제가 전교 1등을 못하는 이유가 잠버릇 때문인가 봐요, 헤헤…"

그 말을 들은 석진 어머니가 코웃음을 쳤습니다.

"얼씨구? 성적이 네 잠버릇 때문이라고? 아무리 **돌꼇잠**을 자도 너처럼 꼴등은 안 하겠다, 이 녀석아! 날마다 노느라고 공부는 뒷전이면서 잠버릇 핑계를 대니?!"

'돌꼇잠'이란, '한자리에 누워 자지 아니하고 이리저리 굴러다니면서 자는 잠.'을 뜻하는 재치 있는 우리말입니다.

두루딱딱이

"엄마, 제 선물이에요, 생일 축하드려요~!"

유치원에 다니는 다섯 살 성은이가 어머니의 생일을 맞아 준비한 선물을 내놓으며 이렇게 말했습니다.

"어머, 그래? 우리 성은이가 엄마 선물을 다 준비했니, 정말 고마워!"

어머니는 호기심 가득한 눈빛으로 성진이의 선물포장을 뜯기 시작했습니다.

"어제, 유치원 선생님이랑 같이 문구점에 가서 샀어요…"

성은이의 설명을 들으며 열어본 포장지 안에는 유치원생 여자아이들에게 인기 있는 만화캐릭터가 그려진 '요술 봉'과 '뿔 나팔'이 들어 있었습니다.

"어? 이게 뭐야? 성은아, 이 '요술 봉'과 '뿔 나팔'이 엄마한테 필요할거 같아서 샀단 말이야? 네가 갖고 싶어 하던 장난감 같은데…?"

옆에서 지켜보던 아버지가, 뜻밖의 선물에 당황한 아내 대신 이렇게 되물었습니다.

"아니에요, 이거 엄마한테 필요한 거 맞아! 엄마가 집안일 힘들 때 이 요술 봉을 이렇게 휘두르면서 '깨끗해져라!' 하든지, '맛있는 밥이 빨리 만들어져라!' 하면 금방 다 되는 거에요!"

성은이의 진지한 몸짓과 설명에 어머니가 웃음을 참으며 물으셨습니다.

"그으래~? 요술 봉은 진짜로 엄마한테 필요한 물건이네! 그럼, 이 나팔은 어떻게 쓰니?"

"아, 그건요~ 엄마가 요술 봉으로 맛있는 밥을 차려놓은 다음에 아빠랑 나한테 밥 먹으라고 부를 때 쓰는 거에요. 이렇게 뿔 나팔을 입에 대고 '어서 와서 맛있는 밥 먹자~' 하시면 우리가 듣고 얼른 가는 거에요!"

초롱초롱한 눈망울을 반짝이며 열심히 설명하는 모습에 가슴이 뭉클해진 어머니가 딸내미를 품에 안으며 이렇게 말씀하셨어요.

"그래~ 요술 봉이랑 뿔 나팔이 정말 최고의 선물이네! 엄마가 쓰지 않을 때는 네가 가지고 놀아도 되니까, 그야말로 두루딱딱이로구나! 고맙다, 우리 딸!"

"이야~! 두루딱딱이 생일선물 맞구나! 그렇게 멋진 선물을 고르다니 진짜 최고다, 하하하!"

남편도 아내와 딸을 지켜보며 흐뭇한 웃음을 터뜨렸습니다.

'두루딱딱이'란 '여러모로 알맞은 모양.'을 뜻하는 재미있는 우리말입니다.

뒷배

중학교 3학년 진수는 어릴 때부터 할머니와 단둘이 살고 있었습니다. 유일한 보호자인 할머니가 몇 년 전부터 치매증상을 보이게 되자, 진수는 복지센터의 주선으로 어린이 재단의 도움을 받게 되었습니다. 진수를 일대일로 후원하는 사람은 겉으로 나서지 않고 뒤에서 보살피는 일에 만족한다며 자신을 밝히지 않고 있었습니다.

그런데, 지난달부터 후원금이 뚝 끊겼습니다.

"그 후원자께 무슨 일이라도 생긴 걸까… 왜 갑자기 후원을 끊었을까… 이미 그동안 많은 도움을 받았는데, 얼굴도 이름도 모르지만 감사의 말씀이라도 전해야 되는데…"

진수는 걱정스러운 마음에 후원재단에 연락해 보기로 했습니다.

"안녕하세요, 저는 △△중학교 3학년 이진수라고 하는데요… 제 후원자께 무슨 일이 있는지 궁금해서요…"

진수의 전화를 받은 후원재단 관계자는 잠시 한숨을 쉬더니 이렇게 설명했습니다.

"아…그래…네가 이진수구나, 할머니가 치매환자이시고? 음…사실은, 너를 후원해주시던 분께서 석달 전에 교통사고로 입원하셨는데, 결국 얼마 전에 돌아가셨다는구나… 많이 놀랐지? 그 소식을 어떻게 전해야 할 지 걱정하고 있던 중인데, 네가 먼저 연락을 해왔구나…"

그 말을 들은 진수는 가슴이 철렁 내려앉는 것을 느꼈습니다.

"아…그런 줄도 모르고…그분 이름도 얼굴도 모르고 받기만 했는데… 어떻게 그런 일이…"

진수는 마치 부모님을 잃은 것처럼 마음 한쪽이 아파오는 것을 느끼며 말을 잇지 못했습니다.

"그래, 진수야…그런데, 그분이 네가 끝까지 공부할 수 있도록, 자신이 세상을 떠난 뒤까지도 후원하기로 처음부터 **뒷배**를 약속하셨단다! 아마, 시간이 조금 지나고 복잡한 문제가 정리되면 후원이 다시 이어질 것 같구나… 그나마 다행이지? 뜻하지 않게 돌아가셔서 정말 안타깝지만 네가 앞으로 더욱 열심히 살아가는 것으로 보답을 해드리면 어떨까?!"

"네, 선생님! 꼭 그렇게 하겠어요. 열심히 살아서 나중에 저도 누군가에게 도움이 되는 사람이 되고 싶어요."

진수는 이렇게 말하며 마음속으로 굳은 각오를 하고 있었습니다.

'**뒷배**'란, '겉으로 나서지 않고 뒤에서 보살펴 주는 일.'을 의미하는 재미있는 우리말입니다.

들꾀다

'선녀바위산' 깊숙한 골짜기 양쪽에는 두 개의 숲이 있었습니다.
그중 한쪽 숲에는 초식동물들이 모여 살았고 다른 숲에는 육식동물들끼리 살고 있었습니다. 그러나 육식동물들은 호시탐탐 초식동물들을 잡아먹으려고 기회를 노렸습니다.

어느 화창한 여름날입니다. 초식동물의 숲에서 기린의 생일잔치가 열렸습니다.
"이야~! 생일잔치하기에 참 좋은 날이다, 그치? 키다리 기린아 생일 축하해~!"
"응응, 나무에도 맛좋은 열매들이 잔뜩 열렸으니 정말 좋은 계절이다, 그치?"
사슴과 얼룩말과 원숭이, 염소, 영양, 가젤 등 숲에 사는 초식동물들 모두 기린의 생일을 축하하러 모였습니다.
"그래~! 다들 맛좋은 잎사귀와 열매들을 마음껏 먹고 즐기렴~ 헤헤헤~"
기린이 친구들에게 숲에서 가장 높은 나뭇가지를 아래쪽으로 끌어내려주며 말했습니다.
"그런데, 저건 뭐지? 쾨쾨한 냄새도 풍기고 똥파리들이 들꾀는 게 뭔가 이상한 게 있다~!"
높은 나뭇가지에서 보초를 서며 달콤한 열매를 따먹던 원숭이가 저 멀리 무언가 발견하고 친구들에게 알렸습니다. 원숭이가 가리키는 곳으로 초식동물 친구들이 몰려갔을 때, 그곳에는 정체를 알 수 없는 이상한 것이 고약한 냄새를 풍기며 썩어가고 있었습니다.

"이건 우리가 먹는 풀이나 열매가 아닌 것 같아! 어떻게 하지…?"

"지독한 냄새가 나는 걸로 봐서 손대면 안 될 것 같아! 땅에 묻어버릴까?"

초식동물 친구들이 그 앞에서 술렁이고 있을 때, 육식동물의 숲 제일 높은 바위 꼭대기에서는 하이에나와 승냥이가 망원경으로 지켜보며 이렇게 중얼거렸습니다.

"으흐흐… 만날 맛도 없는 풀만 뜯어먹는 멍청이 녀석들! 드디어 우리가 놓은 덫을 향해 **들꾀었구나!** 그래, 조금만 더 가까이 다가서라구… 어서…조금 더…조금 더… 으히히~"

다음 순간, 초식동물들이 모여서 있던 땅바닥이 밑으로 푹 꺼져 내렸습니다.

순식간에 구덩이에 빠져버린 사슴과 얼룩말과 원숭이, 염소가 비명을 질렀습니다.

"으아악~! 살려줘~ 함정에 빠졌다! 도와줘~!"

그것을 본 하이에나와 승냥이는 함정에 빠진 먹잇감들을 건지러 한달음에 달려갔습니다.

'들꾀다'는 '한곳에 여럿이 모여들다.'의 뜻으로 쓰이는 재미있는 우리말입니다.

등쌀

 "죄송합니다… 조금만 더 기다려주세요… 다음 주까지는 꼭 마련하겠습니다…"

이렇게 현관 밖에서 어머니가 사정하는 소리가 들렸습니다.

초등학생 현정이는 시무룩한 얼굴로 문밖을 향해 귀를 기울이며 오빠에게 소곤거렸습니다.

"어휴…집주인이 또 월세 올려달라고 하나봐, 오빠…왜 자꾸 돈을 더 내라고 하지? 이깟 반 지하 단칸방이 얼마나 대단하기에!"

그러자, 고등학생인 현정이 오빠가 씁쓸하게 말했습니다.

"쳇…요새 옆 동네가 재개발이 된다니까 월셋방이 귀한 모양이지? 원래 부자들이 더 지독하다는 말이 있지…"

삼거리에서 분식집을 하는 어머니는 혼자 힘으로 현정이와 현석이 남매를 키웁니다. 벌이는 늘지 않는데 월세를 자꾸 올려달라는 바람에 살림이 늘 빠듯했습니다.

"엄마, 내일 제 아르바이트 월급날이에요. 많지는 않지만 그것도 보태세요! 욕심쟁이 집주인 등쌀에 피가 바싹바싹 말라서 안 되겠어요."

주인의 성화에 마음이 무거웠던 어머니는 듬직한 아들의 말에 눈물을 훔쳤습니다.

"그러게…이 집에서 더 오래 살고 싶으면 세를 올려달라고 야단이다만… 그렇다고 네가 공부할 시간까지 쪼개어 번 돈을 어떻게 쓰니? 부모로서 네 학비도 다 못해주는데…"

"엄마, 돈은 있다가도 없고 없다가도 있는 거라고 하셨었잖아요… 늘 고생하시는 것 다 알고 있는데 네 돈 내 돈이 어디 있어요, 가족끼리 힘을 모아야죠!"

아들은 더욱 호쾌한 목소리로 어머니께 용기를 드리려고 노력했습니다.

"엄마, 나도 더 열심히 공부해서 나중에 엄마를 꼭 좋은 집에서 주인으로 살게 해 드릴게요! 그리고 나는 나중에 집 주인이 되더라도 이 집 주인아저씨처럼 돈 더 내라고 자꾸 귀찮게 괴롭히는 일은 절대 하지 않을 거에요!"

똘망똘망한 어린 딸도 이렇게 거들자, 어머니는 남매를 품에 안으며 울먹였습니다.

"그래, 집주인이 아무리 성화를 대도 너희들이 있는데 겁날게 뭐가 있겠니?!"

'등쌀'이란 '몹시 귀찮게 구는 짓.'을 의미하는 재미있는 우리말입니다.
비슷한 뜻으로 '성화'가 있습니다.

따따부따/따따부따하다

두 남자가 좁은 마당을 사이에 둔 양쪽 집 앞에서 큰소리로 다투고 있습니다. 시끄러운 소리에 이웃들이 하나둘 밖으로 나오는 바람에 어느새 골목길은 구경꾼으로 가득 찼습니다.

"아, 이 양반아. 경계선이 저쪽에서부터 저리로 그어져야 하는데 지금 엉뚱하게 우리 집 앞으로 지나가고 있잖아?"

"무슨 소리에요, 잘 보세요. 지적도에 표시된 대로 잘 그었는데 엉뚱한 소리라뇨?"

김 씨네와 최 영감 집의 경계는 옛날부터 정확하지가 않아서 몇 번씩 다시 쟀는데, 서로 양보를 하지 않고 자기 땅이 더 넓다고 우기는 바람에 아직도 해결이 나지 않고 있었습니다.

잠시 후, 최 영감이 소리를 꽥 질렀습니다.

"시끄러! 새파랗게 젊은 녀석이 어디서 할애비뻘 되는 사람한테 한마디도 지지 않고 **따따부따**야~! 내가 그렇다면 그런 거지, 왜 그렇게 따지고 드는 거야!"

그러자 김 씨도 지지 않고 언성을 높였습니다.

"이것보세요, 영감님! 할아버지고 할머니고 간에 지도대로 영감님 댁과 저희 땅의 크기를 정확하게 표시하게 되면 영감님 댁 앞으로 선이 지나게 돼있단 말입니다. 그러니까 그동안 저희 땅을 영감님이 마음대로 밟고 다니신 거라고요! 그 점에 대해 정확히 말씀드리는데 누구더러 따따부따한다 그러세요? 영감님이야말로 정말 말이 안 통하시네요!"

"허허~그래서? 그래서, 앞으로 우리 집 앞으로 담벼락이라도 쌓겠다는 소리야, 지금? 어?!"

그러자 김 씨는 기다렸다는 듯 이렇게 대꾸했습니다.

"당연히 그래야죠! 그게 싫으시면 통행료를 내시든가요! 남의 땅을 마음대로 밟고 다닌 지난 10년 동안의 통행료까지 몽땅 물릴 셈입니다! 쳇!"

"아니, 뭐라고? 어디서 그런 도둑놈 같은 셈을 하는 거야?"

그때, 주민들의 신고를 받은 경찰이 다가와 큰소리로 말했습니다.

"자자, 여기서 이렇게 시끄럽게 **따따부따하지** 말고 안으로 들어가서 해결책을 찾아보셔야 되지 않을까요? 얼마 되지도 않는 땅 가지고 이웃끼리 야박하게 다투지들 마시고요!"

'따따부따'란 '딱딱한 말씨로 따지고 다투는 소리. 또는 그 모양.'을 뜻하는 재미있는 우리말입니다. '따따부따하다'는 '딱딱한 말씨로 따지고 다투다.'의 의미로 쓰입니다.

뜨내기

"아, 예쁘다~ 엄마, 나 저것 갖고 싶어요."

엄마와 함께 길을 가던 신영이가 작고 귀여운 나무 인형들을 팔고 있는 노점상 앞에 걸음을 멈추며 말했습니다. 좌판 옆에서는 한 남자가 나무토막을 만지작거리며 인형을 만들고 있었습니다.

"네…구경하세요. 제가 모두 손으로 직접 깎고 다듬어 만드는 친환경 나무 인형입니다."

"엄마, 나, 팔다리 움직이는 피노키오 인형 갖고 싶어요!"

그렇게 해서 신영이는 피노키오 인형을 들고 신나게 집으로 돌아왔습니다. 그러나 얼마 지나지 않아 피노키오 인형의 다리 관절 하나가 망가지고 말았습니다.

"그럴 줄 알았다… 길에서 뜨내기 장사꾼들이 내놓고 파는 인형이 제대로 만들어졌겠니?"

어머니는 실망한 듯 이렇게 혀를 찼습니다.

"아니야, 엄마! 내가 매일매일 가지고 노는 바람에 그렇게 된 거야… 그 아저씨한테 가서 고쳐달라고 하면 되잖아?"

"얘, 그런데서 물건 파는 사람들은 가봤자 벌써 다른 데로 가고 없을 거야…"

"아니야, 그 장난감 아저씨는 아직도 거기에 있을 거야! 가서 고쳐달라고 하자, 엄마!!"

며칠 후, 어머니는 하는 수 없이 딸내미와 함께 처음 물건을 샀던 곳으로 가보았습니다.

해질 무렵의 휴일이라 그런지, 지나다니는 사람도 거의 없는 그 자리에는 뜻밖에도 장난감아저씨가 묵묵히 앉아 나무인형을 다듬고 있었습니다. 아이가 사갔던 인형을 꺼내놓자 아저씨는 망가진 부분을 이리저리 살피며 다정하게 말했습니다.

"아이고, 관절이 망가졌구나… 미안하네, 다시 오게 만들어서. 이번에는 내가 좀 더 잘 만들어 줄게, 꼬마야. 혹시, 다음에도 망가지면 또 연락하거라, 언제든지!"

그러면서 그는 연락처가 적힌 인형그림 명함을 건네주었습니다.

"어머나…아저씨, 그냥 **뜨내기**가 아니셨네요… 전 그런 줄도 모르고…"

어머니는 잠시라도 장난감 아저씨를 무시한 것 같아 미안한 마음이 되었습니다.

'**뜨내기**'란 '①일정한 거처가 없이 떠돌아다니는 사람. ②어쩌다가 간혹 하는 일'을 뜻하는 재치 있는 우리말입니다. 여기서는 ①의 뜻으로 쓰였습니다.

 으로

시작되는 아름답고 재미있는
우리말을 알아보아요

마중물

 수년전부터 필리핀에서 무역업을 하고 있던 강준원 씨는 자원봉사를 하러 우연히 들렀던 마을에서 필리핀의 물 사정에 대해 알게 되었습니다.

필리핀은 강수량이 높은 열대기후 임에도 사람들이 마실 물은 부족한 상황이었습니다. 마실 수 있는 깨끗한 물이 없어서 오염된 물을 그대로 마시다 보니 배탈, 급성 장염 등의 질병이 끊이지 않았고 특히 어린이들은 생명을 잃는 경우도 허다했습니다.

"세상에, 저렇게 더러운 물을 그냥 마신다고요? 걸레를 빨기에도 더러운데요…?"

함께 간 봉사단체 동료가 쓰레기와 하수로 식수가 오염된 현장을 보여주자 강준원 씨는 깜짝 놀라 입을 다물지 못했습니다.

"이곳 아이들 중에는 먼 곳까지 가서 물을 길어 오느라 학교에 가지 못하는 경우도 많아요. 살기 위해 꿈을 포기하는 아이들도 많습니다. 물 부족이 심각한 상황인데도 사람들 관심도 부족하고 심각성을 잘 알지 못해서 더욱 악화되고 있는 겁니다."

동료의 말을 들은 강준원 씨는 더러운 물을 마시며 천진난만하게 웃는 아이들의 얼굴을 도저히 마음 편히 바라볼 수 없었습니다. 깊은 생각 끝에 그가 이렇게 제안했습니다.

"제가 이 곳에 우물을 기증하겠습니다. 우물이 있으면 모두 깨끗한 물을 먹을 수 있겠죠?"

얼마 후, 강준원 씨의 후원으로 마을에 처음으로 우물이 생겨났습니다. 우물에는 펌프를 연결하고 간단한 펌프질로 지하의 깨끗한 물을 끌어올려 사용할 수 있습니다.

"후원자님 덕분에 이제 우리 아이들도 깨끗한 물을 마시게 되었어요. 정말 감사합니다!"

드디어 처음으로 우물물을 끌어올리는 날, 동네 사람들이 모두 우물가로 모여들었습니다.

"자, 이제 펌프질을 시작하겠습니다. 이렇게 **마중물** 한 바가지를 붓고, 손잡이를 몇 번 작동시키면~ 깨끗한 물이 쏟아져 나옵니다~! 와하하하~!"

강준원 씨가 설명을 덧붙이며 펌프질 시범을 보이자 시원한 물이 콸콸 쏟아져 나왔습니다.

"우와아~~~ 깨끗한 물이다~! 마음 놓고 먹을 수 있으니 정말 좋구나!"

모여 선 마을사람들과 봉사자들은 박수를 치며 크게 기뻐하였습니다.

<u>'마중물'이란, '펌프질을 할 때 물을 끌어올리기 위하여 위에서 붓는 물.'이라는 뜻의 재치 있는 우리말입니다.</u>

이렇게 **마중물** 한 바가지를 붓고, 손잡이를 몇 번 작동시키면~ 깨끗한 물이 쏟아져 나옵니다~

만무방

"이봐, 할멈! 여기 국밥 한 그릇! 그리고 갚을 돈도 준비됐겠지?"

건들거리는 걸음으로 허름한 식당 출입문을 거칠게 열어젖히고 들어선 한 사내가 아무렇게나 자리에 앉으며 다짜고짜 소리쳤습니다.

주방에서 설거지를 하던 할머니가 깜짝 놀라 소리나는 쪽을 돌아보다 한숨을 내쉬었습니다.

"어이구…저 웬수가 또 왔나… 언제까지 이렇게 살아야 하나…어휴…"

식당 한쪽 자리에서 국밥을 먹고 있던 용만이와 용만 어머니도 시끄러운 소리가 나는 쪽을 힐끔거렸습니다. 그러자 사내는 용만이네 자리를 째려보았습니다. 그때, 용만이도 먹던 숟가락을 놓고 사내를 빤히 쳐다보자, 당황한 어머니가 속삭였습니다.

"어머, 얘, 너 왜 그러니? 얼른 먹고 가자. 다 먹었니? 저런 만무방한테 덤비는 거 아니야!"

그러나 용만이는 어머니 말은 못들은 체하며 계속 그를 쏘아보았습니다.

분위기가 점점 이상해지자 주인할머니가 용만이네 쪽으로 다가와 이렇게 설명했습니다.

"아이고 미안합니다… 빚쟁이인데, 돈을 갚으라고 날마다 저렇게 찾아와서 괴롭힌다우…"

그 소리를 들은 사내가 다시 언성을 높였습니다.

"이거 왜 이러시나? 할멈이 갚을 돈을 제때 갚았으면 내가 날마다 찾아올 일도 없었겠지?"

그의 말에 용만이가 결심한 듯 이렇게 또박또박 말했습니다.

"아저씨가 할머니께 받을 돈이 있으신 것 같은데요, 지금처럼 분위기 안 좋게 해서 장사가 안 되면 돈을 받기가 더 어려우실 거에요. 돈을 빨리 받고 싶으면 한 달에 한 번만 오세요. 한 달 동안 열심히 장사해서 돈을 많이 벌면 할머니도 갚으실 거에요. 안 그래요, 아저씨?"

용만이가 말을 끝내자, 눈을 희번덕이며 소년을 노려보던 사내는 어처구니가 없다는 듯 혀를 차고는 뒤통수를 긁적이며 이렇게 중얼거렸습니다.

"하, 요 쥐방울만한 녀석이…헛참…할멈…그래, 어디 한 달 후에 봅시다. 두고 보겠어! 쳇!"

그리고는 황급히 식당을 떠나버렸습니다. 그제야 할머니는 한숨을 몰아쉬었습니다.

"아이고 천하에 **만무방** 녀석도 말문이 막힐 때가 다 있네! 꼬마가 아주 똘똘하구나!"

'만무방'이란 '①염치가 없이 막된 사람. ②아무렇게나 생긴 사람.'을 뜻하는 재미있는 우리말입니다. 여기서는 ①의 뜻으로 쓰였습니다.

저런 **만무방**한테 덤비는 거 아니야!

말괄량이

"학교 다녀왔습니다!! 으악~~아이쿠야…으흑…!"

현관문이 열리는가 싶더니 그와 동시에 요란한 소리가 들려왔습니다. 베란다 청소를 하고 계시던 어머니는 깜짝 놀라 허둥지둥 현관으로 쫓아나가며 이렇게 소리쳤습니다.

"아이고 깜짝이야! 은영이 너~! 이 **말괄량이** 계집애야, 조심 좀 하란 말이야… 왜 그렇게 조심성이 없니, 이번엔 또 왜 그러니…?"

"아야야… 문을 다 열지도 않고 머리를 들이밀다가 이마를 찍었어요…아흐…헤헤헤…"

은영이는 머리통을 감싸 쥐고 현관 문간에 주저앉아 있었습니다.

조심성이 부족한 은영이는 하루에도 몇 번씩 여기저기 부딪히거나 넘어지기 일쑤였습니다.

"아니, 무슨 여자애가 그렇게 덜렁거리니? 얼레? 그 치마는 어디서 찢어먹었니, 그게 뭐니 정말로!"

어머니가 한심하다는 듯 혀를 차며 은영이를 야단치고 있을 때, 외할머니가 건넌방에서 나오시며 이렇게 말씀하셨습니다.

"아이고, 에미야! 네가 그런 소리를 할 때가 있구나? 너야말로 어릴 때 얼마나 말썽을 부리고 다녔냐? 동네 사내애들이랑… 무슨 놀이 할 때마다 대장 아니면 안 한다고 남자애들 다 두들겨 패고… 말 안 들으면 태권도 돌려차기로 때려눕히고 말이야… 나야말로 너 같은 **말괄량이**가 어떻게 시집을 가고 은영이처럼 예쁜 딸내미를 낳았나 모르겠네…?"

"어머머머머머…! 엄마…또 그 소리하시네, 내가 언제 그랬다고요? 참나…언니들이 워낙에 얌전하니까, 내가 좀 비교가 돼서 그런 거지…난 쟤처럼 대책 없이 이상한 덜렁이는 절대 아니었다고요!"

두 사람의 이야기를 듣고 있던 은영이가 코웃음을 치며 이렇게 말했습니다.

"아하~! 그러니까 내가 덜렁거리는 데는 다 이유가 있는거라고요~ 말괄량이 엄마를 닮아서 그런 거야, 역시 핏줄은 못 속인다니까, 크크크…"

'말괄량이'란 '말이나 행동이 얌전하지 못하고 덜렁거리는 여자.'를 뜻하는 재미있는 우리말입니다. 비슷한 의미로 '달랑쇠, 왈패, 덜렁이'라고도 합니다.

모꼬지/모꼬지하다

오늘은 〈환타지아 청소년오케스트라〉의 연주회가 열리는 날입니다.

중학생 윤지도 오케스트라 단원입니다. 윤지가 사는 지역의 중고등학생 지원자들이 모여 청소년오케스트라를 결성하였고 2년 만에 첫 연주회를 열게 되었습니다.

"아, 떨려… 잘 할 수 있을까…? 손이 떨려서 실수하면 어쩌지?"

아침 식사시간에 윤지는 연주회에 대한 걱정과 기대감을 솔직하게 이야기했습니다.

"아니야, 그동안 열심히 준비했으니까 틀림없이 잘할 거야! 걱정 마, 우리 딸 파이팅!"

어머니가 이렇게 격려해주었습니다.

"누나는 플루트 시작한지가 벌써 5년이나 되는데 뭘 걱정해?"

초등학생인 동생도 누나가 자랑스러운 듯 말했습니다.

"혼자가 아닌 여러 단원들이 함께 한마음으로 연주한다는 것은 의미가 있는 일이지, 서로 마음을 맞춰야 하니까 말이야. 오늘 같은 모꼬지에는 모두 가서 경청하고 축하해줘야지?"

아버지의 말에 윤지는 가슴이 떨리는 듯 이렇게 말했습니다.

"아빠, 친구 분들도 오시라고 했어요? 으~ 창피한데… 긴장해서 마구 틀릴지도 모른단 말이에요… 플루트 주자는 세 명뿐이라 틀리면 금방 탄로 날 텐데!"

"자신감을 가지고 하면 되는 거야. 우리 딸이 오케스트라 첫 데뷔하는 날인데, 이런 때가 아니면 친척들도 언제 **모꼬지하겠니**? 삼촌네랑 고모네 가족들도 다 오실 거야!"

"앗, 정말요? 진짜 큰일 났다, 어서 가서 한번이라도 더 연습 해야겠어요…"

윤지는 허둥지둥 자리에서 일어났습니다.

"그러고 보니 삼촌이랑 고모네 가족을 만나는 것도 얼마만인지 모르겠네요?"

"하하, 우리 윤지 덕분에 친척들도 **모꼬지하게** 되었으니 좋은 일이구려?"

"이런 걸 '꿩 먹고 알 먹고'라고 하는 거죠, 아빠?"

"하하 그렇구나, '누이 좋고 매부 좋고'!"

'**모꼬지**'란, '놀이나 잔치 또는 그 밖의 일로 여러 사람이 모이는 일.'을 뜻하는 재치 있는 우리말입니다.

'**모꼬지하다**'는 '놀이나 잔치 또는 그 밖의 일로 여러 사람이 모이다.'의 뜻으로 쓰입니다.

몽짜/몽짜스럽다

2017년 8월 1일, 동녘 아파트 단지의 입주자대표회의가 열리는 날입니다.
"이번 달 주요 안건은 각 동 경비실 에어컨 설치문제입니다. 벌써 8월이고 한낮 기온이 34도까지 올라가는 요즘 같은 날씨에 경비원들의 근무환경개선을 위해, 경비실에 에어컨을 설치하자는 의견이 많이 있습니다. 대표들께서는 의견을 내주십시오."

입주자대표 회장이 이마의 땀을 닦으며 이렇게 회의를 시작했습니다.

"저도 그 의견에 찬성합니다. 가만히 앉아있어도 땀이 줄줄 흐르는 날씨에 경비원 아저씨들은 우리 아파트의 온갖 허드렛일을 도맡아 처리하시느라 바쁘십니다. 잠시 쉴 때라도 시원하고 충분한 휴식이 가능하도록 에어컨을 달아드렸으면 합니다."

40대의 젊은 6동 대표의 찬성의견에, 70대의 4동 대표가 다급히 언성을 높였습니다.

"나는 반대요! 왜냐, 일개 경비원들한테 무슨 에어컨이 필요합니까? 그 사람들 쓰레기분리수거장 관리하고, 택배물품 관리하고 단지 내 순찰하고…하다 보면, 앉아서 쉴 시간도 없는데 그 비싼 에어컨을 5개나 되는 경비 초소에 달아주자고? 돈이 썩어납니까?"

"대표님, 잘 생각해보세요. 어렵고 힘든 일을 해주시는 경비원들이 열심히 일할 수 있는 환경을 만들어 주는 것이 우선입니다. 땡볕아래서 쓰레기장 관리하고 단지 순찰하느라 지치면, 잠깐이라도 잘 쉬어야 다시 힘이 나서 일을 할 것 아닙니까? 찜통 경비실에서 제대로 쉬지도 못해서 자칫 불상사라도 일어나면 누구 책임입니까? 대표님…참 몽짜스러우시네요…!"

9동 대표가 답답하다는 듯 반박하고 나섰습니다. 그럴수록 4동 대표는 막무가내였습니다.

"몽짜스럽다고? 어허~! 우리 아파트에 돈 들어갈 일이 얼마나 많은데, 경비들 땀 식히라고 에어컨을 설치한다는 건 무조건 반대요! 가만히 앉아있으면 시원한데 에어컨은 무슨!? 경비들이 상전입니까? 우리가 부리는 사람이에요! 우리가 '갑'이라고요!"

"아-하!!! 참, 4동 대표님, 말도 안 되게 정말 몽짜가 심하시네요?! '갑'이라니요? 그렇게 이기적인 자세로 어떻게 우리 아파트의 대표로 일을 할 수가 있습니까?"

대표회의 참석자들은 4동 대표의 몽짜에 기가 막혀 모두들 고개를 저었습니다.

'몽짜'는 '음흉하고 심술궂게 욕심을 부리는 짓. 또는 그런 사람.'을 뜻하는 재미있는 우리말입니다. '몽짜스럽다'는 '몽짜를 부리는 태도가 있다.'의 뜻으로 쓰입니다.

물보라

민영이네 가족은 여름을 맞아 모처럼 전라남도 목포로 휴가를 떠났습니다. 목포는 민영이 할머니가 젊은 시절 한동안 사시던 곳이었습니다. 서울에서 KTX를 타고 세시간만에 목포 역에 도착하자, 할머니는 낯설기도 하고 어리둥절한 듯 주위를 두리번거렸습니다.

"아이고 여기가 정말 목포냐? 내가 50년 전에 살았던 목포와는 딴 판이구나~?"

"그럼요, 엄마. 50년이나 지났으니 옛 모습이 남아있겠어요?"

민영 어머니가 할머니께 되물었습니다.

"할머니, 나도 '목포는 항구다'하는 노래 들어봤는데, 저기 정말로 배들이 많이 있네요?!"

목포항구 앞 숙소에 도착한 민영이가 창문 너머로 정박된 배들을 발견하고 신기한 듯 말했습니다.

"그래, 할머니도 그 옛날에 저 항구에서 배를 타고 저쪽 섬들로 오갔단다…그때는 부둣가에 장사치들이 바글바글했는데…다 어디로 가고 없구나… 세월이 이렇게 흘렀네…"

할머니는 모든 것이 너무나 변해버린 항구를 바라보며 아쉬운 듯 눈을 떼지 못했습니다.

다음날, 민영이네는 목포연안여객터미널에서 인근 바다를 돌아보는 페리호에 올랐습니다.

목포항을 출발하여 달리도-율도-외달도까지 갔다가 돌아오는 여정입니다.

출발시간에 맞추어 배에 오른 민영이 가족은 다른 여행객들과 함께 3층 갑판 위로 올라갔습니다. 이내 페리호가 물살을 가르며 앞으로 나아가기 시작했습니다.

"민영아 저것 좀 봐, 물보라가 아주 멋지구나!"

어머니가 가리키는 페리호의 꽁무니에서는 깊고 푸른 물결 위로 하얀 물보라가 이어지고 있었습니다.

"우아~~! 상쾌하다~, 저 갈매기들 따라오는 것 좀 보세요!"

민영이가 신기한 듯 환호성을 질렀습니다.

"사람들이 새우깡을 던져주니까 받아먹으려고 가까이 날아오는구나! 참 재미있네~!"

어머니도 할머니도 즐거운 듯 얼굴에 함박웃음이 활짝 피어났습니다.

'물보라'는 '물결이 바위 따위에 부딪쳐 사방으로 흩어지는 잔물방울.'을 뜻하는 아름다운 우리말입니다.

물보라가 아주 멋지구나

으로
시작되는 아름답고 재미있는
우리말을 알아보아요

바드럽다

 주원이 외삼촌은 지난해부터 경찰산악구조대원으로 근무합니다.

오랜만에 집안 행사에 참석하게 된 외삼촌을 만난 주원이가 여쭈었습니다.

"삼촌! '경찰산악구조대원'은 경찰이 아닌가요?"

"삼촌도 경찰 맞아! 그런데 일반 경찰과 다른 점이 있지. 도시와 같은 일반적인 곳이 아닌 산에서 근무를 한다는 것이지!"

경찰산악구조대는 1983년 5월에 만들어졌습니다. 그 해 4월, 한국대학생 산악연맹 소속 학생들이 암벽 등반을 하다가 조난을 당해 무려 7명이 사망하는 사고가 계기였습니다.

산에서 일하는 경찰이라는 삼촌의 대답에 조카가 다시 여쭈었습니다.

"그럼, 경찰산악구조대는 어떤 일을 하는 거죠?"

"경찰산악구조대는 등산객들이 조난당하거나 사고를 당했을 때 달려가서 구조하고, 혹시 일어날 수 있는 범죄도 미리 예방하고 등산로 안전시설물이 위험한 것은 없나 미리 살피기 위해 산악 순찰 활동을 하지. 한마디로, 산에서 일어나는 모든 일은 우리가 해결한다고나 할까!"

삼촌의 대답에 고개를 끄덕이며 주원이가 외쳤습니다.

"우와~! 그러니까 영화 같은 데서 보듯이, 높은 산에 오르다가 다치거나 길을 잃은 사람들을 구하는 거죠? 정말 힘들고 어려운 일이겠지만, 나도 그런 멋진 구조대원이

되고 싶어요!"

조카의 기특한 대답에 삼촌은 흐뭇한 기분이 되었습니다.

"하하, 그래 너도 열심히 운동하고 체력을 키우면 훌륭한 구조대원이 될 수 있지!"

그러자 곁에 있던 할머니가 걱정스러운 듯 한 마디 하셨습니다.

"아이고, 날마다 그 바드러운 산을 타고 한겨울에도 얼마나 고생을 하는지, 주원이 네가 아나? 이 할미도 처음엔 잘 몰랐지만 이젠 다 알거든? 삼촌이 산악구조대가 된 다음부터는 북한산은 쳐다보기도 싫더라!"

"에이, 어머니도…**바드럽기**는 산이 아니라도 마찬가지지요… 위험에 처한 사람을 구하는 일은 늘 위험하니까요. 너무 걱정 마세요, 저도 늘 안전을 우선으로 생각하니까요!"

삼촌이 할머니 어깨를 감싸 안으며 이렇게 이야기했습니다.

'바드럽다'는 '빠듯하게 위태하다.'의 의미로 쓰이는 재미있는 우리말입니다.

반둥건둥하다

옛날 어느 마을에 꽃순이와 맹순이 자매가 살았습니다. 언니 맹순이와 동생 꽃순이는 한 살 터울입니다. 늘 함께 다니지만 부모에게 이쁨을 받는 것은 동생 꽃순이 뿐이었습니다.

어느 봄날, 꽃순이와 맹순이가 산에서 나물을 캐왔습니다.

나물바구니를 받아 본 어머니가 이렇게 말했습니다.

"어디 보자, 꽃순이 바구니에는 달래랑 냉이랑 쑥도 많이 있구나? 오늘 저녁에 쑥국을 끓여야겠네! 그리고 맹순이는…에구…이게 뭐니? 동생이 부지런히 나물 캐고 다닐 때 너는 뭐하고 놀았니? 캐온 것도 죄다 먹지도 못하는 잡초들뿐이고… 어찌된 게 동생만도 못할까…쯔쯔…"

어머니에게 잔소리를 들은 맹순이는 서운한 생각에 눈물이 찔끔 났으나 속으로 꾹 참아 넘겼습니다.

'엄마…그게 아니라…어휴…, 내가 참아야지…엄마는 잘 알지도 못하면서…'

마을사람들도 종종 부모에게 구박받는 맹순을 보며 혀를 찼습니다.

"맹순이 쟤가 참 부지런하고 착한 앤데, 왜 저렇게 늘 구박을 받는지 모르겠네…쯧쯧…"

한여름 어느 날, 꽃순이와 맹순이가 빨랫감을 나누어들고 시냇가에 빨래를 하러 갔습니다.

언니 맹순이가 열심히 빨래를 하고 있을 때, 빨랫감을 물가에 던져둔 동생 꽃순이는 시원한 시냇물로 들어가 혼자 멱을 감고 물놀이를 하느라 정신이 없었습니다.

"야, 꽃순아! 빨래 몇 개 되지도 않는데 얼른 해놓고 놀아라…넌 왜 그렇게 무슨 일이든 <u>반둥건둥하니</u>?"

언니가 이렇게 한 마디 하자 동생은 코웃음을 치며 말했습니다.

"힝~! 언니가 얼른 다하고 내 빨래도 좀 해주면 되잖아? 나는 동생이라 어리고 약하잖아?"

그러자 맹순이가 이번에는 못 참겠다는 듯 이렇게 쏘아붙였습니다.

"대신 해준 게 어디 한두 번이니? 네가 <u>반둥건둥할</u> 때마다 내가 다해줬는데, 결국 야단맞은 건 나뿐이었어! 이젠 절대 안 도와줄 거야, 이 못된 계집애야!"

<u>'반둥건둥하다'는 '일을 다 끝내지 못하고 중도에서 성의 없이 그만두다.'의 뜻으로 쓰이는 재치 있는 우리말입니다.</u>

넌 왜 그렇게 무슨 일이든 **반둥건둥**하니?

발뺌하다

"어? 윤희야, 여기 왜 다쳤니? 멍이 들었는데, 안 아파? 누가 그랬어…?"
어린이집에서 돌아온 어린 딸의 팔뚝에서 멍 자국을 발견한 어머니가 놀라서 캐물었습니다.

"으응…아니야…친구들이랑 놀다가…아니야…"

윤희는 슬금슬금 어머니 눈치를 보며 팔을 뒤로 감추며 우물쭈물했습니다.

퇴근 후에 돌아온 아버지도 딸내미 팔뚝의 멍을 보고는 눈이 휘둥그레졌습니다.

"어? 이거 왜 그래? 누가 우리 딸 몸에다 손댔어? 누가 그랬어?!"

아버지가 언성을 높이자 윤희는 커다란 눈망울을 끔벅이다가 울음을 터뜨리고 말았습니다.

"으~앙~! 유치원에서…선생님이…애들이랑 놀다가…비밀이랬어…으앙~~!"

"뭐야? 애들이랑 놀다 그런 거야, 선생님이 그런 거야? 뭐가 비밀이야??"

윤희 부모님은 무언가 잘못됐음을 느끼고 다음날 어린이집으로 달려갔습니다.

"여기 CCTV 있지요? 그거 한번 보여주세요. 우리 윤희 팔뚝에 시퍼런 멍이 들었던데, 여기서 그런 거 맞죠, 선생님?"

윤희 부모님이 이렇게 따져 묻자 어린이집 원장님은 당황하며 대꾸했습니다.

"아, 아니, 갑자기 찾아오셔서 무슨 말씀이세요? 아이들이 놀다보면 책상모서리에도 부딪히고 자기들끼리도 부딪혀서 울기도 하고 그런다고요… CCTV를 보자 하시니, 마치 저희가 큰 잘못이라도 저지른 것 같이 들리네요! 아무 일도 없었어요!"

원장의 대답에도 불구하고 윤희 아버지는 더욱 언성을 높였습니다.

"그래요? 여기보세요. 아이 팔에 이렇게 큰 멍이 왜 생깁니까? 아이들한테 폭력을 썼습니까, 안 썼습니까? 무조건 **발뺌하려** 들지 말고 사실대로 말씀하세요!"

그러나 원장은 끝까지 물러서지 않고 대꾸했습니다.

"**발뺌**이라니요…폭력이라뇨? 모르는 일이에요! 모든 아이들을 자식처럼 생각하는 데요…"

책임을 회피하는 원장의 태도에 분노한 윤희 아버지가 마침내 이렇게 쏘아붙였습니다.

"허참, 끝까지 **발뺌하신다** 이거죠? 그럼, 경찰에 신고하겠습니다. CCTV에 손대지 마세요!"

'발뺌하다'는 '자기가 관계된 일에 책임을 지지 않고 빠지다.'의 뜻으로 쓰이는 재치 있는 우리말입니다. 비슷한 말로 '변명하다'가 있습니다.

벼락불

 미국으로 디자인 공부를 하러 떠났던 선희 씨는 마침내 학업을 마치고 7년 만에 한국에 돌아왔습니다.

"어서오너라, 우리 막내. 학비 벌어가며 공부하느라 고생 많았지?"

"어디 보자, 우리 딸! 공부하느라 고생해서 해쓱해졌네? 제대로 먹고 살기는 했니?"

부모님은 서른 살 넘은 막내딸의 안부를 걱정하느라 늘 마음이 편치 못했습니다.

"그럼요… 잘 지냈어요… 세상 공부도 많이 했고요…헤헤…"

어머니가 보기에 막내딸은 조금 야위고 검게 그을린 모습이었지만 건강해보였습니다.

"그래, 이제 시집가야지! 공부하느라 늦었지만 이제라도 좋은 짝을 찾아야지!"

아버지는 금세 막내딸의 장래를 걱정하기 시작했습니다.

"아, 아빠 저 남자친구 있어요! 미국에서 공부하면서 만난 친구에요. 좋은 사람이에요."

딸의 대답에 아버지는 호탕하게 웃으며 되물었습니다.

"오호, 그렇구나! 어떤 녀석이냐? 언제 보여줄 거야, 당장 연락해서 데려오너라!"

"네, 그 친구는 지금 콩고에 사시는 부모님 댁에 갔어요. 곧 한국에 올 거에요…"

그 순간, 아버지는 소리를 꽥 질렀습니다.

"뭐라고?!! 이게 지금 무슨 소리야!? 콩고? 아프리카 흑인한테 시집을 간다고? 절대 안 돼!"

"아유, 깜짝이야…! 아빠, 무슨 **벼락불** 떨어지는 줄 알았어요…! 콩고 사람이지만, 제가 미국에서 공부하면서 사귄 남자친구에요…"

"어허~!!! 내가 너 외국인한테 시집보내려고 그렇게 애지중지 키웠냐? 절대 안 돼!"

아버지의 태도에 놀란 선희 씨는 진심으로 호소했습니다.

"아빠! 지금 반대하시는 건 피부색 때문이죠? 사람 사귈 땐 그 사람의 진심을 보라고 하셨었잖아요? **벼락불** 치듯 무조건 반대부터 하지 마시고요, 마음을 열고 그 사람을 만나주세요!"

딸의 호소에 아버지는 말문이 막힌 듯 잠시 생각에 잠겼다가 이렇게 말씀하셨습니다.

"허참…그래, 미안하구나… 시간을 두고 좀 생각해보도록 하자꾸나…"

'**벼락불**'은 '①벼락이 칠 때에 번득이는 불빛. ②몹시 사납고 엄한 명령을 비유적으로 이르는 말.'을 뜻하는 재미있는 우리말입니다. 앞에서는 ①의 뜻, 뒤에서는 ②의 뜻으로 쓰였습니다.

벽창호

충청도 산골마을에 사는 중학생 호진이는 달리기를 좋아합니다.
"나는 커서 마라톤선수가 될 거야! 달리기할 때가 제일 신나고 즐거우니까!"
"그렇다고 어디나 그렇게 뛰어다니는 건 좀 아닌 것 같은데…?"
가족들이 걱정스레 말해도 소용없었습니다.
외진 곳에 살다보니 읍내에 있는 학교를 갈 때도 버스를 타야했지만, 호진이는 남들보다 두어 시간씩 일찍 일어나 마라톤 하듯 달려 등교했습니다.
"호진이는 대단해! 날마다 버스로 30분도 넘게 걸리는 거리를 아침마다 달려온다니까!"
달리기라면 남에게 지지 않는 호진이 달리기 실력은 학교에서도 이미 유명했습니다.
얼마 후, 도청 앞에서 〈시민마라톤대회〉가 열린다는 소식이 학교 게시판에 나붙었습니다. 그것을 본 호진이는 환호성을 올렸습니다.
"야호! 드디어 꿈에 그리던 마라톤대회에 출전할 수 있는 기회가 왔구나!"
그날부터 호진이는 1개월 후에 열리는 마라톤대회 훈련에 돌입했습니다.
새벽 4시에 일어나 동네를 돌고 먼 산자락까지 굽이굽이 달려갔다 오면 서너 시간이 걸렸습니다. 그 후에는 세수를 하고 아침밥을 먹고 학교까지 다시 1시간 넘게 달려가는 것입니다.
"에구머니나, 호진아! 코피 난다!! 이게 뭔 일이여? **벽창호**처럼 밤낮없이 달리기만 해대더니 너무 무리한 거 아니여?"

그렇게 보름정도가 지났을 때, 하교 후 학교에서 집까지 달려온 호진이가 코피를 흘리는 것을 본 어머니가 깜짝 놀라 호들갑을 떨었습니다.

"헤헤, 아니, 괜찮아유… 마라톤 총거리가 42.195km인데, 난 아직 멀었어요! 이까짓 코피는 이렇게 닦으면 괜찮아유! 엄니, 저 조금만 더 달리고 올게요!"

호진이는 대수롭지 않다는 듯 팔뚝으로 코피를 쓱 훔치고는 대문 밖으로 뛰어나갔습니다.

그것을 본 어머니가 답답한 듯 이렇게 중얼거렸습니다.

"어이구, 누굴 닮아서 저렇게 고집이 세고 앞뒤가 꽉 막혔누? 저 고집쟁이를 누가 말리나!"

'벽창호'는 '고집이 세며 완고하고 우둔하여 말이 도무지 통하지 아니하는 무뚝뚝한 사람.'을 뜻하는 재미있는 우리말입니다. 비슷한 말로 '고집쟁이, 고집통, 고집통이' 등이 있습니다.

부대끼다

   서울 변두리 동네 노인정에는 할아버지 할머니들이 모여 하루 대부분의 시간을 보냅니다.

한낮 기온이 35도까지 올라가는 폭염이 시작되었습니다. 선풍기를 온종일 틀어보아도 시원하기는커녕 더운 바람만 쏟아져 나왔습니다.

"어이구, 더워 죽겠네… 저놈의 선풍기도 더위를 먹었나, 뜨거운 바람이 나오면 어쩌누!"

"지구온난화 때문에 북극의 빙하가 다 녹아버려서 지구가 자꾸만 뜨거워져서 그런다며?"

"그러게요… 이렇게 더위에 **부대끼다**가는 이 여름이 가기 전에 우리 늙은이들이 황천에 먼저 가게 생겼네요! 우리도 에어컨 한 대 들여놔야 되는 것 아니에요, 회장님?"

더위에 지친 노인들은 이렇게 노인회장에게 푸념을 했습니다.

"어허~! 에어컨은 무슨… 이 정도 더위쯤이야, 개울에서 물놀이 한번이면 싹 날릴 수 있지."

회장은 다른 노인들의 요청을 들은 체 만 체하며 이렇게 말했습니다.

"물놀이도 좋지만 날마다 갈 수도 없으니 에어컨 한 대 들여 놓읍시다, 회장님!"

노인들은 그런 회장의 태도에 슬슬 짜증이 나기 시작했습니다.

"그동안 걷은 회비가 적잖게 모였을 텐데, 이렇게 꼭 필요할 때 쓰면 좋지 않겠소, 회장?!"

그러나 노인회장은 다시 이렇게 대꾸했습니다.

"어허… 다들 뭘 모르는 소리를 하시는데, 그 돈은 내가 노인회장으로서 그동안 대외활동을 하며 **부대끼느라** 정당하게 활동비로 사용했단 말이거든! 에어컨이 한두 푼도 아니고… 말만 하면 뚝딱 사들일 수 있는 돈이 없다, 이 말이지! 어험!!"

노인회장의 답변에 모여 있던 노인들은 기가 막혀 입을 다물지 못했습니다.

"뭐라고?? 누가 회원들이 낸 공금을 회장 마음대로 사용하라고 했소? 노인회장이 무슨 벼슬도 아닌데, 누가 활동비로 꺼내 쓰라고 했냔 말이오?"

한여름 더위에 시달려 지친 할아버지 할머니들은 분노하여 일제히 따지고 들었습니다.

'부대끼다'는 '①사람이나 일에 시달려 크게 괴로움을 겪다. ②여러 사람과 만나거나 본의 아니게 여러 사람을 접촉하다. ③다른 것에 맞닿거나 자꾸 부딪치며 충돌하다.'의 뜻으로 쓰이는 재미있는 우리말입니다. 앞에서는 ①의 뜻, 뒤에서는 ②의 뜻으로 쓰였습니다. 비슷한 말로 '시달리다, 보대끼다, 쪼들리다'가 있습니다.

뿌다구니

   원경이는 초등학교 마지막 여름방학을 맞아, 시에서 주최하는 〈초등학생 국토순례〉 프로그램에 참가했습니다.

"정말 잘 할 수 있겠어? 자그마치 한 달 동안이나 남쪽에서부터 걸어서 오는 건데?"

출발 당일 아침에도 부모님은 외아들이 걱정되어 몇 번이고 되물으셨습니다.

"그럼요! 엄마, 아빠 걱정하지 마세요!"

이렇게 씩씩한 말을 남기고 원경이는 100여 명의 또래참가자들과 함께 뜨거운 햇살이 쏟아지는 한여름 국토순례에 나섰습니다.

"허…아직 어린애들이 한 달 동안 오로지 걸어서 국토순례를 한다는 게 쉬운 일은 아닌데."

그로부터 일주일 후, 한밤중에 전화벨이 울렸습니다.

"원경이 아버님이세요? 밤늦게 죄송합니다… 방금 원경이가 구급차로 서울에 도착했습니다… 지리산을 오르던 중 가파른 숲길에서 좀 다쳤거든요…"

잠결에 받은 수화기 너머에서 순례단 인솔자가 조심스레 말했습니다.

"네에? 우리 원경이한테 사고가 났다고요? 어휴… 얼마나 다쳤습니까? 조심하지 않고…"

"산을 오르다 나무 **뿌다구니**에 종아리 피부가 찢어져서 꿰매야 하는데, 그러면 더 이상 걸을 수 없으니…"

"산에서 피부가 찢어졌어요? 세상에!"

얼마 후, 부모님은 원경이가 입원한 병원 주차장에 도착했습니다. 그런데, 서둘러 주차장 출입문을 열고 나가는 순간, 아버지의 옷자락이 찢어지고 말았습니다. 출입문에 달린 막대형 손잡이가 때마침 고리처럼 아버지의 점퍼 주머니에 걸려들었던 것입니다.

"에잇, 하필 이럴 때 손잡이 **뿌다구니**까지 말썽이야~?!"

허둥지둥 아들에게 달려가던 아버지는 짜증이 나서 이렇게 툴툴거렸습니다.

그 뒤를 쫓아오던 어머니도 그 광경을 보고는 한숨을 쉬었습니다.

"어휴, 그러게 너무 서두르더라니… 누가 아들바보 아니랄까봐…천천히 가도 괜찮을텐데…"

'뿌다구니'란 '①물체의 삐죽하게 내민 부분. ②쑥 내밀어 구부러지거나 꺾어져 돌아간 자리. ③어떤 토막이나 조각 따위를 낮잡아 이르는 말.'을 뜻하는 재미있는 우리말입니다. 앞에서는 ①의 뜻, 뒤에서는 ③의 뜻으로 쓰였습니다.

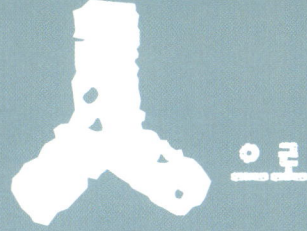 으로
시작되는 아름답고 재미있는
우리말을 알아보아요

사무치다

 재일교포 3세인 김의열 군과 이순진 양은 며칠 후 서울에 있는 성균관에서 전통혼례식을 올리기로 했습니다.

"결혼식준비는 다 된 거냐? 너희들 기분은 어떤지 궁금하구나."

김의열 군의 아버지가 예비부부와 저녁식사를 하며 이렇게 물었습니다.

"저는 벌써 가슴이 두근거려요. 내가 한국 사람이라는 사실이 자랑스럽고 당당하게 한국인임을 드러낼 수 있으니까요!"

김의열 군은 가슴이 벅차오르는 것을 느끼며 이렇게 말했습니다.

"저도 그래요! 저희 할아버지가 맨 처음 일본으로 강제 징용당해 군수공장에서 일하다 정착하게 된 이후로 저희 가족은 내내 일본에서 살아왔지요. 가끔 한국으로 돌아와 일가친척들을 찾아 만나고 했지만 왠지 늘 낯설었거든요. 그런데 이제 진짜 한국인이 되는 것 같아서 너무 기뻐요!"

이순진 양도 기쁨에 넘치는 표정으로 이야기했습니다.

"그래, 그렇지? 나도 너희들만큼이나 감회가 새롭구나. 의열이 할아버지는 생전에 고생만 하시느라 한국으로 돌아가지도 못하고 일찍 세상을 뜨셨단다… 할아버지는 눈을 감으시는 순간까지 뼈에 **사무치도록** 고향을 그리워하셨는데, 끝내 한 번도 못 가보셨단다… 아들인 나도 사는 게 바쁘고 힘들어 아직도 일본 땅을 벗어나지 못하고 살고 있구나…"

김의열 군의 아버지는 무언가를 그리워하듯 창밖을 바라보며 입을 열었습니다.

"그래도 저희들은 늘 한국인이라는 사실을 잊지 않고 있습니다. 그 모든 것은 끝까지 한국국적을 버리지 않으신 할아버지, 할머니와 부모님의 가르침 덕분이고요."

김의열 군은 이순진 양과 손을 맞잡으며 이렇게 말씀드렸습니다.

"허허, 그래…너희들은 결혼식 순간부터 아예 한국에서 살게 되었으니 정말 다행이야. 너희들의 능력과 재능을 살려 열심히, 즐겁게 살아라! 인생은 최선을 다해 살지 못하면 나중엔 뼈저린 후회만 남을 수도 있으니까!"

'사무치다'는 '깊이 스며들거나 멀리까지 미치다.'의 뜻으로 쓰이는 아름다운 우리말입니다. 비슷한 말로 '통하다, 뼈저리다, 미치다'가 있습니다.

할아버지는 눈을 감으시는 순간까지 뼈에 **사무치도록** 고향을 그리워하셨는데, 끝내 한 번도 못 가보셨단다…

사부작사부작/사부작거리다

"아주머니, 안녕하세요~?"

〈드림아파트〉 106동에 사는 주부 선정 씨는 오전 10시경이면 강아지 뤼팽이와 함께 동네 산책을 나섭니다. 오늘 오전에도 강아지와 함께 엘리베이터에 오른 선정 씨는 아파트계단 청소를 하시는 미화원 아주머니와 마주쳤습니다.

"아~예, 안녕하세요? 산책 나가시는군요?"

선정 씨의 인사를 받은 미화원 아주머니도 반갑게 인사를 건넸습니다.

"요즘 날씨가 많이 더워져서 청소하기 힘드시지요?"

선정 씨가 아침부터 찌는 여름날씨에 흐르는 진땀을 닦으며 이렇게 여쭈었습니다.

"그래요~ 한낮에는 너무 더워서 일하기가 쉽지 않네요…"

"더운데 무리하시다 큰일 날 수도 있으니까요, 쉬엄쉬엄 하세요…오늘 못 다 하면 내일도 하면 되죠, 뭐~"

미화원 아주머니의 대답에 선정 씨가 다시금 걱정스레 이야기했습니다.

"아유, 힘들어도 해야 되니까… 계단 같은 데도 그냥 **사부작사부작**, 천천히 하다보면 끝이 나더라고요… 걱정해주셔서 정말 고맙습니다."

선정 씨의 말에 미화원 아주머니는 미소를 지으며 대꾸했습니다.

그때 또 한사람의 이웃 주민이 엘리베이터에 올라탔습니다.

"안녕하세요, 현주 씨! 어제 시내 나갔다오다가 전철역에서 봤어요. 멋지게 차려입고 **사부작거리며** 어디 가던데~ 좋은데 갔다 왔어요?"

선정 씨 이웃인 현주 씨는 쑥스러운 듯 활짝 웃으며 대답했습니다.

"아, 언니! 오랜만에 친구들 만나러 가는 길이었어요. 모처럼 나가는 거라 스타일에 신경 좀 썼는데, 보셨구나!"

그러자 선정 씨가 한쪽 눈을 찡긋하며 이렇게 말했습니다.

"아주 멋졌어요! 뒷모습만 보면 아가씨인줄 알겠어요!"

'사부작사부작'은 '별로 힘들이지 않고 계속 가볍게 행동하는 모양.'을 뜻하는 재미있는 우리말입니다. '사부작거리다'는 '별로 힘들이지 않고 계속 가볍게 행동하다.'의 뜻입니다.

새근발딱거리다

 순정이는 부모님의 이혼과 함께 지난여름부터, 시골 외할머니 댁에서 살게 되었습니다.

그 후 1년째, 시골생활은 그리 나쁘지 않았습니다. 친한 학교 친구도 생겼기 때문입니다.

그런 어느 날, 하굣길에 단짝친구 보영이가 불쑥 이런 말을 꺼냈습니다.

"나 있잖아, 이민 갈지도 몰라… 울 아빠가 캐나다로 간대… 가족들 전부 다…"

"캐나다…? 왜애-? 거길 왜 가…?"

순정이는 '캐나다'라는 소리에 말문이 막히는 기분이 되었습니다. 이제 겨우 마음 통하는 친구도 생기고 시골생활에도 적응해가는 중이었기에 당황스럽기만 했습니다.

"진작 이민 간 아빠 친구네가 꼭 오라고 했나봐… 살기 좋다고… 영어도 배울 수 있고…"

그날 이후로 순정이는 왠지 마음이 울적해졌습니다.

보름 후, 보영이가 떠나는 날이 되었습니다. 순정이는 일부러 아무 생각도 하지 않기로 했습니다. 보영이가 집에 찾아왔을 때도 바쁜 척, 방에서 나와 보지도 않았습니다.

"잘 있어, 순정아…가서 편지해도 되지…? 안녕…!"

예쁜 새 원피스를 입은 보영이는 미소 띤 얼굴로 방문 앞에서 이렇게 말하고 돌아갔습니다. 그 뒤, 한참동안 그대로 방안에 앉아 있던 순정이가 갑자기 밖으로 뛰쳐나갔습니다.

"보영아~~~! 보영아~~~! 보영아!!"

 친구 이름을 부르며 전속력으로 달려가던 순정이가 숨을 몰아쉬며 걸음을 멈춘 것은 이제 막 가족들과 함께 승용차에 오르는 보영이를 발견한 순간이었습니다.

"어머나, 순정이구나…얼마나 뛰어 왔길래 그렇게 **새근발딱거리니?**"

 보영이 어머니가 가쁜 숨을 몰아쉬는 순정이 모습에 놀라 물었습니다.

"보영아, 잘 가~! 나중에, 우리, 꼭, 꼭, 다시 만나자… 꼭 편지해줘…"

 겨우 이렇게 말을 건넨 순정이는 더 이상 참지 못하고 울음을 터뜨리고 말았습니다.

"알았어, 꼭 편지할게… 나중에 꼭 만나자!"

 보영이도 울먹이며 새근발딱거리는 순정이를 꼭 안아주었습니다.

'새근발딱거리다'는 '숨이 차서 숨소리가 고르지 아니하고 가쁘고 급하게 자꾸 나다. 또는 그렇게 하다.'의 뜻으로 쓰이는 재미있는 우리말입니다.

생계망게하다

 용훈이는 저녁 찬거리를 사러 시장에 가시는 어머니를 따라 나섰습니다.
"오늘은 또 뭘 해먹어야 잘 먹었다고 소문이 나려나…"

어느새 생선가게에서 산 물 좋은 고등어와 채소가게에서 산 콩나물 봉지를 어머니 대신 들고 나오던 용훈이가 어딘가를 가리키며 어머니께 외쳤습니다.

"어, 정육점에서 무슨 세일 하나 봐요?"

사람들이 북적거리는 정육점에서 고기 할인판매 방송이 시끄럽게 흘러나오고 있었습니다.

"자~ 오늘 삼겹살 세일! 한 근에 3,000원! 선착순 이십분께만 드립니다! 어서 오세요~!"

이미 많은 사람들이 정육점 앞에 서있는 줄 뒤로 어머니가 재빨리 붙어서며 말했습니다.

"어머나, 우리도 줄 서자! 삼겹살이 한 근에 3,000원이라니, 밑져야 본전이잖니?"

"야호, 오늘 저녁에 삼겹살 먹는다~! 신난다!"

용훈이도 신이 나서 떠들어댔습니다.

어느덧, 용훈이네 바로 앞 손님의 순서가 되었습니다. 그런데 갑자기 큰소리가 났습니다.

"어허, 이게 무슨 **생게망게한** 소리야! 방금 내가 돈을 냈는데, 안 받았다니? 젊은 사람이 정신을 어디다 빼놓고 장사를 하나?"

"**생게망게하다뇨**, 손님? 제가 지금 고기만 담아 드렸지, 돈은 아직 안 받았다고요!"

젊은 정육점 주인은 황당한 표정으로 이렇게 받아쳤습니다.

"이것 봐, 내가 주머니에 돈을 2만원을 가지고 왔는데, 없잖아? 방금 2만원을 냈으니 5,000원을 거슬러 받아야 하는데, 지금 떼먹으려고 수작부리는 거지? 장사 이런 식으로 할 거야?"

그것을 본 용훈이가 주위를 두리번거리다 야무지게 말했습니다.

"어? 저기 주인아저씨 머리 위에 CCTV 있어요! 그것 확인해 보면 되잖아요?"

그러자 주위사람들도 이렇게 한마디씩 거들었습니다.

"아유, 다행이네? 누가 생게망게한 소리하는지 단박에 알 수 있겠네!"

"그러게요! 어서 확인하시고 줄건 주고, 받을 건 받고 끝냅시다~!"

'**생게망게하다**'는 '하는 행동이나 말이 갑작스럽고 터무니없다. 터무니가 없어서 이해할 수 없다.'의 뜻으로 쓰이는 재미있는 우리말입니다.

설레발

 매미 울음소리가 깊은 숲속 키 큰 아름드리나무 사이사이로 온종일 울려 퍼지는 한가로운 여름날 오후입니다.

"맴맴맴맴…맴…맴…맴~~"

커다란 나무들이 무성한 나뭇잎으로 만들어주는 시원한 그늘아래는 숲속 동물친구들의 낮잠 터입니다. 그늘을 찾아 하나둘 모여든 동물친구들이 제각각 편한 자리를 골라 누우며 입을 열었습니다.

"어~ 시원하다…매미가 저렇게 자장가도 불러주니, 더운 여름에는 시원한 나무그늘에서 낮잠 자는 게 최고라니까…"

머리에 부스럼이 난 고릴라가 이렇게 중얼거렸습니다. 그와 함께 침팬지도 원숭이도, 고슴도치, 청솔모, 하이에나, 두더지도 하나둘 꿀같은 단잠에 빠져들었습니다. 시원한 바람이 가끔 나뭇가지를 흔들며 지나가고 한 번씩 눈부신 햇빛이 꽃가루처럼 쏟아지기도 합니다.

얼마나 시간이 흘렀을까, 상수리나무 꼭대기에서 잠들었던 청솔모와 날다람쥐들이 갑자기 소리를 질렀습니다.

"어서 일어나~! 큰일 났어!!"

청솔모와 날다람쥐들은 상수리나무 열매들이 떨어지도록 나뭇가지를 흔들어 대며 요란을 떨어댔습니다. 한참 꿀잠에 빠져있던 숲속친구들은 머리위로 쏟아져 내리는 나무열매에 놀라 잠에서 깨어나기 시작했습니다.

"어어~! 이게 뭐야? 머리에 혹이 났잖아?"

"아얏! 누가 이렇게 설레발을 치는 거야? 잠꼬대라도 하는 거야?"

잠에서 깬 동물들은 짜증스레 나무 위를 올려다보며 투덜거렸습니다.

"멍청이들아, 얼른 일어나! 저 위쪽 숲에 불이 났어! 하얀 연기가 이쪽으로 불어온다니까!"

날다람쥐가 상수리 나무열매를 더욱 집어던지며 이렇게 말했습니다.

"앗, 정말이야? 하마터면 몽땅 로스구이가 될 뻔했구나~! 고맙다, 다람쥐들아~!"

단잠에 빠졌던 동물들은 그제야 정신을 차리고 허둥지둥 도망치기 시작했습니다.

'설레발'이란 '몹시 서두르며 부산하게 구는 행동'을 뜻하는 재미있는 우리말입니다.

소나기밥

"이번 여름방학에 완전 다이어트할 거야. 만날 뚱순이라고 놀리는 것들, 보란 듯이 살을 확 빼가지고 개학날 학교에 짠하고 나타나야 되니까! 엄마도 도와줘야 돼!"

중학교 2학년 다혜는 학년이 올라갈수록 키보다 몸무게만 점점 늘어 이제는 누가 보아도 뚱뚱하다고 생각할 정도가 되었습니다.

"이번엔 꼭 성공해야지! 밥도 하루 한번 닭 가슴살에 채소만 먹고 하루 종일 운동할 거야!"

다혜는 방학 다음날부터 다이어트 계획을 실천하기 시작했습니다.

그러나 방학 때마다 되풀이되는 딸내미의 다이어트결심이 걱정스러운 어머니는, 두 시간 동안 달리기를 하고도 물 한 모금 마시지 않는 다혜에게 이렇게 말씀하셨습니다.

"그렇게 너무 굶으면서 운동을 어떻게 하니… 쓰러질라… 물이라도 충분히 마셔야지!"

"일주일 만에 3kg 빠졌어~~ 배가 좀 고프긴 하지만… 물도 살이 되니까 참아야 해!"

그다음 일주일 동안에도 다혜는 쉬지 않고 열심히 운동했습니다.

어느 날 새벽 2시가 넘은 시각, 잠귀 밝은 어머니가 주방 쪽에서 부스럭거리는 소리에 깨어 주방으로 가보았습니다. 그런데, 뜻밖에도 문 열린 냉장고 앞에서 허겁지

겁 음식을 먹고 있는 다혜를 발견했습니다.

"어머, 깜짝이야! 얘, 다혜야~! 뭐하니? 이 밤중에… 세상에~"

어머니의 목소리에 다혜는 움찔하며 놀라 얼음처럼 굳어져버렸습니다.

"……"

잠시 후, 어머니는 천천히 딸을 품에 안으며 말씀하셨습니다.

"다이어트도 좋지만 먹어가면서 해야지…그렇게 **소나기밥**을 먹다가 체하면 어쩌려고 그러니? 식탁에 놓고 천천히 먹어…"

다혜는 울먹이며, 입에 든 음식을 우물거리며 말했습니다.

"엄마…살도 빼야 되는데… 맛있는 음식도 먹고 너무 싶어… 어떡해요…더 못 참겠어요…"

"그래, 참았다가 한꺼번에 많이 먹는 게 더 나쁜 거야… 다이어트 계획은 다시 짜 보자…"

어머니는 다혜를 꼭 안아주며 이렇게 다독였습니다.

'소나기밥'은 '보통 때에는 얼마 먹지 아니하다가 갑자기 많이 먹는 밥.'을 뜻하는 재미있는 우리말입니다.

손부끄럽다/손뜨겁다

 어느 날 오후, 경수 어머니는 경수 담임선생님의 전화를 받았습니다.

"경수 일로 드릴 말씀이 있으니 내일 학교에서 좀 뵀으면 합니다, 어머니."

다음날 교무실에서 마주 앉은 담임선생님은 이런 이야기를 꺼내셨습니다.

"음…실은, 경수가 며칠 전에 친구들이랑 싸웠답니다. 장난치고 놀다가 얼결에 주먹을 휘둘러서 현석이란 아이 코피가 터졌는데… 나중에 보니 코뼈에 살짝 금이 간 모양이에요…"

선생님의 설명에 어머니는 깜짝 놀라서 입을 다물지 못했습니다.

"어머나, 세상에!! 경수가요? 경수가 다른 아이 코뼈를요?? 이를 어쩌나… 정말 죄송합니다. 전 아무것도 몰랐네요, 아이가 집에 와서 내색을 안 하니까…"

"그렇죠…아이들은 겁나니까 집에 가서 내색을 안 하죠. 그 뒤로 현석이 코가 자꾸 부어오르니까 부모님이 이틀전에야 병원에 데려갔다가 금간 것을 알게 됐나 봐요. 다음날 현석이 부모님이 오셔서 자초지종을 말씀하셔서, 저도 알게 됐습니다."

그 길로 경수 어머니는 현석이 어머니를 만나 고개를 숙였습니다.

"현석 어머니 정말 죄송해요… 저희 애가 그런 짓을 했는지도 모르고 있었다니… 그리고, 우선 부족하지만 일단 이것으로 병원비에 쓰세요… 추후 충분한 보상도 해 드릴게요…"

경수 어머니가 돈이 든 봉투를 내밀었으나 현수 어머니는 펄쩍 뛰며 이렇게 말했습니다.

"어머나, 경수 어머니! 저희가 돈 좀 받자고 선생님께 알린 게 아니에요… 남자애들은 장난치고 놀다 실수로 다치고 부러지기도 하고 그렇죠… 다만, 부모님이 알고는 계셔야 주의시킬 수 있겠다 싶어서였지 물질적 보상을 바란 게 아니에요. 그냥 넣어두세요."

현석 어머니가 돈이 든 봉투를 거절하자 얼굴이 붉어진 경수 어머니는 이렇게 말했습니다.

"아유, 그래도 그렇지… 저희 아이 때문에 현석이가 다쳤는데 그렇게 거절을 하시니, 제가 몹시 **손부끄럽네요**…"

그러자 현석 어머니는 미소를 지으며 대답했습니다.

"경수 어머니 **손뜨겁게** 할 생각은 전혀 없습니다. 돈 대신 마음만 감사히 받겠습니다!"

<u>'손부끄럽다/손뜨겁다'는 둘 다 '무엇을 주거나 받으려고 손을 내밀었다가 허탕이 되어 무안하고 부끄럽다.'의 뜻으로 쓰이는 재미있는 우리말입니다.</u>

125

솟뜨다

"다가오는 새해맞이는 동해 바닷가에서 할까 하는데, 너희들 생각은 어떠냐?"

고향이 강원도 삼척인 김 씨 할아버지가 2017년 10월 어느 날 가족들에게 이렇게 말씀하셨습니다.

"와~~ 좋아요! 동해 바다에 가는 거죠, 그럼?"

초등학생 손녀가 제일 먼저 신이 나서 박수를 쳤습니다.

그로부터 두어 달 후, 12월 31일 오후 무렵 김 씨 할아버지네 가족은 동해 추암 해수욕장 근처 펜션에 도착했습니다. 그곳에서 가까운 동해시의 일출명소는 '촛대바위'였습니다. 추암 촛대바위는 수중의 기암괴석이 바다를 배경으로 함께 어울리며 멋진 풍경을 빚어내는 곳입니다. 젊은 시절 자신이 살던 지역에 도착한 김 씨 할아버지는 40~50년 동안 몰라보게 달라진 지형지물들을 둘러보며 어리둥절한 심정이 되었습니다.

"아, 여기도 이렇게 많이 변했네… 그래도 촛대바위와 형제바위는 옛 모습 그대로구나!"

수십 년 만에 찾은 고향에서의 감회에 젖어 자는 둥 마는 둥하며 하룻밤을 지낸 김 씨 할아버지와 가족들은 다음날인 2018년 1월 1일 새벽, 어둠을 헤치고 바닷가로 향했습니다.

"저쪽 전망대로 가시죠! 이곳은 촛대바위가 보이는 전망대 일출이 유명하던데요!"

큰아들의 설명에 따라 가족들은 전망대로 이어지는 추암 해수욕장 끝 계단을 올라갔습니다. 그곳에는 이미 새해 첫 해돋이를 보러 일찌감치 모여든 많은 사람들로 북적거렸습니다.

잠시 후, 일출시간이 다가오자 저 멀리 수평선이 서서히 붉게 물들기 시작했습니다.

"우와! 멋지다~~! 바다 끝이 점점 붉게 물들어요, 할아버지!"

손녀가 탄성을 지르며 박수를 쳤습니다.

"드디어 2018년 따끈따끈한 첫 태양이 **솝뜨고** 있네요, 아버지! 우리 가족들 모두 새해에도 건강하고 행복하세요~~! 아버지도 건강하시고요!"

큰아들이 붉은 수평선 위로 더욱 뜨겁게 떠오르는 태양을 보며 이렇게 외쳤습니다.

"아하~! 그래, 참 좋구나! 어제와는 다른 새로운 해가 솟아 떠오르는 거야! 갑자기 10살은 더 젊어지는 기분이다, 와하하하하~!"

김 씨 할아버지는 기쁨과 감동으로 떨리는 목소리로 이렇게 외치셨습니다.

'솝뜨다'는 '아래에서 위로 솟아 떠오르다.'의 뜻으로 쓰이는 재미있는 우리말입니다.

드디어 2018년 따끈따끈한 첫 태양이 **솝뜨고** 있네요

쇠발개발

　　충청남도 보령 시에 있는 대천해수욕장은 세계적으로 유명한 머드축제가 열리는 곳입니다. 해마다 7월 중순이면 대천해수욕장에서 열리는 머드축제는, 우리나라는 물론 외국에도 많이 알려져 내국인은 물론 외국인 관광객들도 모여 듭니다…

　　"어머머, 저것 좀 봐! 너무 좋겠다… 머드 마사지도 하고, 우리도 저기 한번 가봅시다! 여름이면 다들 해외여행도 가고 그런다는데…"
　　어느 날 TV에서 나오는 머드축제 소개 방송을 보시던 어머니가 말씀하셨습니다.
　　얼마 후, 인석이네 가족은 머드축제가 열리는 대천해수욕장으로 여름휴가를 갔습니다.
　　"으아~~ 사람들이 정말 많구나? 외국사람들도 많고, 해변도 엄청 크고 길다!"
　　대천해수욕장은 해변의 폭이 100m, 길이는 자그마치 3.5㎞를 넘는 대형 백사장을 자랑하는 서해안 최고의 해수욕장입니다.
　　"우앗, 신난다~! 엄마 아빠도 같이 머드 마사지해요~!"
　　인석이와 영석이 형제가 먼저 신이 나서 행사장으로 엄마아빠 손을 이끌고 들어갔습니다. 축제 주 무대인 머드 광장에서는 머드를 온몸에 바른 채 즐길 수 있는 다양한 놀이시설이 있습니다. 머리부터 발끝까지 머드를 뒤집어쓴 수많은 사람들이 음악에 맞추어 춤을 추거나 놀이시설을 이용하며 흥겨워하는 바닷가에서 온종일 시간을 보내고 있습니다. 어느덧 해질 무렵이 되자 인석이네 가족은, 온몸이 진흙 범벅인 채로 근처 숙소로 돌아갔습니다.

"나는 식사준비를 할 테니 너희들도 머리끝부터 발끝까지 깨끗하게 싹싹 씻어내야 해!!"

잠시 후, 확인 차 아이들 방을 열어보시던 어머니가 소리를 빽 질렀습니다.

"야, 이 녀석들아~~! 제대로 씻으라고 했어, 안 했어? 방안을 온통 **쇠발개발**로 더럽혀놨잖아? 침대시트에도 발자국 투성이고!"

샤워를 마치고 나오던 아버지도 기가 막힌 듯 말씀하셨습니다.

"하핫, 말썽꾸러기들 아니랄까봐, 그 더러운 발로 온 방안을 누비고 다녔네!"

그러거나 말거나 아이들은 여전히 침대위에서 팔짝거리며 대꾸했습니다.

"아, 머드마사지 효과가 너무 좋아서 그런지 잘 안 씻어지는 걸요…헤헤…"

'**쇠발개발**'은 '소의 발과 개의 발이라는 뜻으로, 아주 더러운 발을 비유적으로 이르는' 재치 있는 우리말입니다.

수더분하다

"자네는 내일부터 이 가게에 나오지 않아도 되네!"

〈달콤 빵집〉 사장님의 말에 제빵사 동석 씨는 깜짝 놀라 조심스레 입을 열었습니다.

"아…저…사장님…그게 무슨…? 제가 무슨 큰 실수라도 했나요… 제가 사장님 따님과 사귀는 것이 마음에 안 들어서 그러십니까… 제발, 그만 두라는 말씀만은 하지 말아주세요…"

동석 씨는 금방이라도 눈물을 쏟을 듯한 표정으로 이렇게 더듬거렸습니다.

"아니야, 이제 자네는 여기 있을 필요가 없다네! 자네를 처음 만났을 때가 생각나네. 중학교를 갓 졸업한 소년이었지…? 집이 가난해 고등학교에도 가지 못했고, 기술을 배우게 해주면 열심히 일하겠다고 말이야. 그게 벌써 15년 전이지?"

"네… 벌써 15년이나 됐나요? 사장님 덕분에 제빵 기술을 모두 익혔고 정성껏 빵을 만들었습니다… 동네에서 우리 빵 맛이 제일 좋다고 소문이 났을 땐 정말 기뻤습니다… 그 모든 것은 사장님 덕분이었고요… 이곳에서 더 오래오래 일할 수 있을 줄 알았는데, 내일부터 오지 말라니요? 사장님… 제발 저를 버리지 말아주세요…"

빵집 주인의 말에 동석 씨는 간절한 목소리로 다시 사정했습니다.

"맞아! 자네가 모난데 없고 **수더분해서** 내가 까다롭게 굴거나 잔소리를 늘어놓아도 변함없이 우리 빵집을 지켰지. 그 덕분에 마침내 큰 사거리에 번듯한 건물도 구입

하고 그곳에 새 빵집을 내게 되었거든! 그 가게는 자네가 운영하도록 하게! 이제 무슨 소린지 알겠나? 하하! 어차피 이곳은 곧 문을 닫을 테니, 자네는 내일부터 그 곳으로 출근하면 되는 거야!"

그제야 동석 씨는 두 눈이 휘둥그레지며 벌어진 입을 다물지 못했습니다.

"사, 사장님…? 그게 무슨 말씀이신지… 새 빵집을 제게 맡기신다고요?"

"이 사람이 말귀가 그렇게 어둡나? 나는 이제 건강이 안 좋아 힘든 일을 하기 어려운데, 자네가 곧 내 사위가 될 테니 미리 가게를 물려주겠단 말이지! 처음 우리 가게에 왔을 때부터 묵묵하게 열심히 일하는 듬직한 자네를 알아본 것뿐이야!"

그 말에 동석 씨는 사장님과 뜨겁게 포옹하며 감사의 눈물을 흘렸습니다.

'수더분하다'는 '성질이 까다롭지 아니하여 순하고 무던하다.'의 뜻으로 쓰이는 재미있는 우리말입니다. 비슷한 말로 '듬직하다, 순하다, 소박하다'가 있습니다.

시시콜콜/시시콜콜하다

 "자, 두 사람은 가계부와 용돈기입장 들고 이리와 봐!"

매월 마지막 토요일이면 은행원인 김정확 씨가 가족들에게 하는 말입니다.

"어휴, 벌써 한 달이 지나갔어요? 왜 이렇게 시간이 빨리 지나가지? 정리 다 못했는데…"

초등학생 아들 석규가 이렇게 툴툴거리며 용돈기입장을 챙겼습니다.

"아유~ 나도 이번 달 가계부 정리 아직 다 못했는데요…여보~!"

아내도 뚱한 얼굴로 가계부를 흔들며 거실로 나왔습니다.

"그러니까 미리미리 단돈 10원을 쓸 때라도 바로바로 적으라고 했잖아요? 석규도 마찬가지고! 일단 확인해야 하니까, 이리 내봐!"

김정확 씨는 가장으로서 가족들이 돈을 꼭 필요한 곳에 쓰도록 하기 위해 노력했습니다. 먼저 아들의 용돈기입장을 살펴보다가 입을 열었습니다.

"음… 여기… 5월 16일 쓴 돈, 800원은 어디다 썼는지 안 적혀 있네? 25일에는 색연필을 5000원 주고 샀다고 돼있고… 내 기억으로는… 그렇지! 자, 여기 3월 지출내역에도 색연필을 샀다고 돼있네? 색연필이 구워먹는 가래떡도 아니고 두 달 만에 또 샀단 말이니?"

아버지의 지적에 석규는 어쩔 줄 몰라 머리만 긁적거리며 우물거렸습니다.

"아…아빠…그게… 3월에 산 색연필을…잃어버려서…그래서…다시 샀어요…"

"일단 알겠고, 그다음엔 주부인 당신의 가계부를 봅시다… 지난달에는 저축을 30만원이나 했는데 이번 달엔 20만원밖에 못 했네? 왜 그랬을까…10만원은 어디다 썼을까요?? 한 푼이라도 아껴서 저축을 해야……"

그 순간, 듣다 못한 아내가 못 참겠다는 듯 소리를 빽 질렀습니다.

"거참!! 이렇게 매번 **시시콜콜** 캐고 들 거에요? 살림이 말처럼 그렇게 쉬운 줄 알아요? 저축을 조금씩이라도 하는 게 어딘 줄 알고! 언제까지 마누라 가계부 들여다보며 시시콜콜하게 따질 거냐고요? 난 더 이상 못하겠으니까, 그렇게 잘난 사람이 가계부도 쓰시구려 그럼, 흥!"

'시시콜콜'은 '①마음씨나 하는 짓이 좀스럽고 인색한 모양. ②자질구레한 것까지 낱낱이 따지거나 다루는 모양.'을 뜻하는 재미있는 우리말입니다.

'시시콜콜하다'는 '①마음씨나 하는 짓이 좀스럽고 인색하다. ②자질구레한 것까지 낱낱이 따지거나 다루는 데가 있다.'의 뜻으로 쓰입니다.

거참!! 이렇게 매번 **시시콜콜** 캐고 들 거에요?

신소리/신소리하다

"엄마, 아빠! 결혼기념일 축하드려요~~! 짠~!"

맞벌이인 효진 어머니가 직장에서 돌아와 집 현관문을 여는 순간, 남편과 외동딸 효진이가 촛불이 반짝이는 작은 케이크를 내밀며 이렇게 외쳤습니다.

"어머나, 깜짝이야~ 이게 뭐래요? 벌써 결혼기념일이라고…? 난 까맣게 잊고 있었는데…호호호, 다들 고마워요~!"

깜짝 파티를 끝낸 뒤 세 사람은 근처 음식점으로 식사를 하러 갔습니다. 자리에 앉은 효진 아빠가 아내에게 작은 상자를 내밀며 말했습니다.

"여보, 내 마음이야…"

"아휴, 뭘 또 샀어요? 돈 쓰지 말라고 그렇게 항상 얘기하는구만…"

아내는 그렇게 말하면서도 호기심과 기대에 찬 표정으로 상자를 열었습니다.

"어맛~! 웬 반지…?? 그나저나, 바다에 빠뜨린 그 결혼반지는 어떡할 거냐고요! 벌써 15년 전이지만, 아무리 시간이 흘러도 생각할수록 아까워 죽겠다고요!"

뜻밖의 한탄이 섞인 아내의 타박에도 남편은 너털웃음을 터뜨리며 큰소리를 쳤습니다.

"하하하~! 조금만 기다려요~! 결혼 30주년 때는 우리가 신혼여행 갔던 그 지중해 바다에 다시 가서 내 결혼반지를 꼭 되찾을 테니! 그때는 세계 일주도 시켜준다니까! 하하!"

남편의 호언장담에 아내는 기가 막힌 듯 고개를 저으며 이렇게 툴툴거렸습니다.

"어휴, 또또 **신소리하시네요**! 그 신소리는 신혼여행 갔던 바다에서 수영하시다 본인 결혼반지 잃어버린 뒤로 15년째 되풀이하고 있는 것 맞죠?! 벌써 귀에 못이 박혔는데, 앞으로도 15년 동안 계속 더 들어야 되는 거에요?"

툴툴거리는 아내에게 남편은 당황한 표정으로 너털웃음을 터뜨리며 이렇게 대꾸했습니다.

"아하하~ **신소리**라니? 하늘에 맹세해! 그땐 꼭 바다 밑에 가라앉아있는 결혼반지를 찾아내겠다니까!! 꼭! 남편을 안 믿으면 누굴 믿나, 안 그러냐? 효진아? 하하!"

'신소리'는 '상대편의 말을 슬쩍 받아 엉뚱한 말로 재치 있게 넘기는 말.'을 뜻하는 재미있는 우리말입니다. '신소리하다'는 '상대편의 말을 슬쩍 받아 엉뚱한 말로 재치 있게 넘기는 말을 하다.'의 뜻으로 쓰입니다.

싱숭생숭하다

정미가 〈함박꽃 보육원〉에 온 것은 5살 때였습니다. 놀이공원에서 부모님의 손을 놓치고 보육원에 온 뒤로 정미는 한동안 울기만 할뿐 아무것도 기억해내지 못했습니다.

그로부터 5년여가 흐른 어느 날입니다. 잃어버린 딸을 찾는 전화 한통이 걸려왔습니다.

"이름은 한 유리이고요, 나이는 올해 10살이 됩니다… 그런 아이가 시설에 있나요?"

"아이들이 부모님과 헤어질 때의 충격으로 이름은 기억을 못하는 경우가 많은데, 10세 정도 되는 아이들은 여럿 있으니 직접 와서 확인해 보시는 게 빠를 것 같습니다만…"

통화가 끝난 뒤, 원장님이 10세 가량의 여자아이들을 불러놓고 이렇게 말씀하셨습니다.

"얘들아, 조금 전에 딸을 찾는 부모님이랑 통화했는데, 확실하지는 않지만 운이 좋으면 가족을 만날 수 있을지도 모르겠다?! 나이는 얼추 비슷하다만…너희 중 한명이라도 부모님을 만날 수 있다면 정말 좋겠구나…"

원장님의 설명에, 아이들은 혼란스러운 표정으로 조심스레 여쭈었습니다.

"부모님…이요? 정말, 엄마가 저희를 찾으러 오실까요…?"

"아직 확실한건 아니니까, 너무 큰 기대는 하지 말고… 그래도 기도는 해보자…"

며칠 후, '한유리'를 찾는 한 가족이 보육원 마당에 도착했습니다. 잠시 후, 저만치 서 있는 서너 명의 여자아이들을 잠시 살피더니 조심스레 다가가기 시작했습니다. 걸음을 멈춘 아주머니가 정미 앞에서 걸음을 멈추었습니다. 곧이어 얼굴을 찬찬히 살피더니 이내 떨리는 목소리로 이렇게 물었습니다.

"이름이 뭐니…? 혹시 발바닥에 점 같은 것 없니? 네가 꼭 우리 유리 같은데… 흑흑…"

그 물음에 정미는 두 눈이 동그래지며, 양말을 벗으며, 당황스러운 듯 더듬거렸습니다.

"어… 마, 맞아요… 왼쪽 발바닥에 여기… 점이, 여기, 하나, 있어요…"

"아, 세상에! 우리 유리가 맞는 것 같아요! 며칠 전부터 마음이 계속 **싱숭생숭하고** 도무지 안정이 안 되더니만… 이렇게 만나게 되려고 그랬나봐요…! 내 딸, 유리야!"

그제서야 어머니는 안도와 기쁨의 눈물을 흘리며, 어느새 훌쩍 커버린 딸내미를 힘껏 끌어안았습니다.

'싱숭생숭하다'는 '마음이 들떠서 갈팡질팡하고 어수선하다.'의 뜻으로 쓰이는 재치 있는 우리말입니다. 비슷한 의미로 '갈팡질팡하다, 이상하다, 어수선하다'가 있습니다.

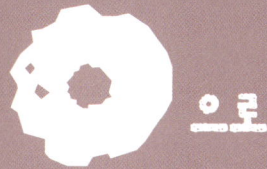 으로

시작되는 아름답고 재미있는
우리말을 알아보아요

아금받다

"강도야~~!! 강도! 내 가방!!! 저 사람, 강도 잡아라!!"

갑자기 날카로운 비명소리가 들리자, 근처에서 트럭 과일행상을 하고 있던 50대의 정우직 씨는 도망치는 남자를 재빨리 뒤쫓아 수백 미터를 달려갔습니다.

막다른 골목에서 맞닥뜨린 범인은 정우직 씨를 칼로 위협하며 강력히 저항했으나 뒤따라온 경찰들에게 끝내 붙잡히고 말았습니다.

"가족들에겐 미안합니다만…그런데, 남의 일이지만 그냥 지나칠 수가 없어서…"

범인에게 상해를 입고 병상에 누운 정우직 씨가 모여든 사람들에게 이렇게 말끝을 흐렸습니다. 그러자 곁에 있던 아내가 한숨을 쉬며 입을 열었습니다.

"그러게요… 당신은 도움이 필요한 사람을 그냥 지나치지 못하는 정말 훌륭한 분이시죠… 그런데 사람이 좋기만 하고 **아금받지** 못해서 오히려 피해를 당하는 게 문제네요, 휴우~"

그때 곁에 있던 중학생 아들이 이렇게 말했습니다.

"그래도 저는 아버지가 자랑스러워요! 이번처럼 위기에 처한 사람을 돕는 행동은 아무나 할 수 없는 훌륭한 일이라고 생각해요."

범인을 쫓다가 부상을 당했다는 사실이 알려져, 아버지는 의로운 시민상도 받고 치료비도 해결되었으나 장사를 못하는 동안에는 손해를 보게 됩니다. 어머니는 그것이 속상해서 다시 푸념을 늘어놓았습니다.

"그럼, 그럼, 훌륭한 일 하신 것은 맞지! 다만, 그 범인을 쫓아 달려가던 순간처럼 돈 버는 일에서도 조금만 더 야무지고 **아금받았으면** 좋겠다는 말 아니겠니?! 이렇게 남의 일에 잘못 끼어들었다가 사고를 당하고 나면 가족들만 더 힘들어지니까 말이다…"

잠시후, 이들 가족의 이야기를 듣고 있던 담당경찰도 조심스레 입을 열었습니다.

"네, 맞습니다. 그래도 정우직 씨 같이 정의로운 분들이 계셔서 우리 사회가 아직까지 살만한 곳이 아니겠습니까, 사모님."

'아금받다'는 '①야무지고 다부지다. ②무슨 기회든지 재빠르게 붙잡아 이용하는 소질이 있다.'의 뜻으로 쓰이는 재미있는 우리말입니다.

앞에서는 ①의 뜻, 뒤에서는 ②의 뜻으로 쓰였습니다.

아련하다

 "엄마, 우리 가족 사진첩 어디 있어요? 오늘 숙제를 하려면 옛날 사진들이 필요해요."

학교에서 돌아온 은진이가 집안으로 들어서자마자 어머니께 여쭈었습니다.

"옛날 사진? 네 옛날 사진들 말이니? 이제 겨우 11살밖에 안된 게 옛날 사진이라야 얼마나 되겠니?"

빨래를 정리하시던 어머니가 우습다는 듯이 말씀하셨습니다.

"아니, 그게 아니라, 우리 가족의 옛날 사진이 필요하다고요. 〈사진으로 보는 우리 가족사〉 그런 제목으로 우리 가족이야기를 꾸며보는 거에요."

"오호, 그래? 재미있겠네? 엄마, 아빠 어릴 적부터 어른 될 때까지의 사진들, 네가 태어나고 자라는 동안의 사진들을 나열하면 우리 가족의 역사가 되는 거지!"

어머니의 반응에 은진이도 즐거운 듯 말했습니다.

"응, 그런 거야. 엄마, 아빠의 엄마, 아빠 사진도 있으면 더 좋댔어요. 나의 뿌리를 알 수 있는 거니까."

은진이와 어머니는 책꽂이에서 먼지만 쌓여가던 오래된 사진첩들을 꺼내어 옛날 사진들을 뒤적이기 시작했습니다.

"어, 이 사진은 누구지? 엄마랑 이모랑 삼촌인가 봐? 히히~ 아주 귀엽다~!"

은진이는 오래되어 빛이 바랜 사진 한 장을 집어 들며 미소를 지었습니다.

"아, 그래… 엄마가 다섯 살 때인가 동생들이랑 바닷가에서 모래 장난하는 사진이네… 엄마나 아빠가 찍어주셨을 텐데… 벌써 30여 년 전 아기 때 일이라, 까마득하고 **아련하지만** 그때가 생각나는 것도 같은데… 햇빛 때문에 얼굴 찡그린 것 좀 봐라… 호호호…"

어머니가 자신의 어린 시절 사진을 들여다보며 향수에 젖은 목소리로 말씀하시자, 은진이도 기대된다는 듯 이렇게 말했습니다.

"신기하다… 엄마도 이런 아기였던 적이 있다니… 내가 엄마 옛날 사진을 보며 이야기하다니, 기분이 이상하네… 나도 나중에 딸하고 이런 사진 보며 어슴푸레한 기억을 얘기하겠지?"

'아련하다'는 '똑똑히 분간하기 힘들게 아렴풋하다. 보기에 부드러우며 가냘프고 약하다'의 뜻을 쓰이는 아름다운 우리말입니다. 비슷한 말로 '어슴푸레하다, 희미하다, 흐릿하다'가 있습니다.

벌써 30여 년 전 아기 때 일이라, 까마득하고 **아련하지만** 그때가 생각나는 것도 같은데…

안성맞춤

 "이제 곧 새로운 가정을 꾸리게 될텐데… 준비는 어떻게 돼 가는지 궁금하구나…"

다음 달 결혼을 앞둔 막내아들과 예비며느리에게 아버지가 어느 날 조심스레 물으셨습니다.

"차근차근 준비하고 있으니 걱정하지 않으셔도 됩니다, 아버지."

막내아들 성실 씨가 이렇게 대답했습니다.

"그래도 그렇지… 우리 막내가 결혼하는데, 부모가 돼서 아무것도 안하고 있으려니 뭔가 빼먹은 것 같아서 그런다…"

어머니도 걱정 가득한 목소리로 말씀하셨습니다.

"아니라니까요…저희는 다른 사람들처럼 쓸데없는 돈 쓰지 않고 아껴서 '작은 결혼식'을 하려는 거에요. 우선 꼭 필요한 것만 준비하니까 특별히 할 일이 없어요. 걱정 마세요."

아들의 대답에도 아버지는 다시 한 말씀 하셨습니다.

"어허…그래도 결혼은 집안끼리의 인연이기도 한데 어떻게 부모가 손 놓고 가만히 있겠냐… 아무튼, 결혼하면 들어가서 살 집은 마련했냐? 집은 있어야 할 거 아니냐?"

"그래, 얘! 집은 있어야지… 엄마가 너 아파트 한 채 사 줄테니 걱정 말아라, 응!"

어머니가 기다렸다는 듯 이렇게 말씀하셨습니다.

"네에? 엄마, 아니에요… 저희는 저희 두 사람에게 딱 맞는 집을 벌써 구했어요. 요즘 웬만한 아파트가 껌 값도 아니고, 절대로 부모님 도움은 받지 않겠어요!"

성실 씨가 이렇게 대답하자 옆에 있던 예비신부 고은 씨도 조용히 입을 열었습니다.

"맞아요, 어머니… 저희 각자 모은 돈으로 저희에게 **안성맞춤**인 10평짜리 오피스텔로 결정했어요. 그리고 앞으로 살면서 조금씩 집을 늘려나가는 게 저희 계획이에요. 생각보다 좁지 않고 저희에게 딱 좋아요!"

"세상에! 남들은 조금이라도 부모덕을 보려고 야단인데, 둘다 그렇게 알뜰하니 정말 대견하고 훌륭하구나!"

야무진 두 사람의 태도에 성실 씨 부모님은 고개를 끄덕이며 마음을 놓았습니다.

'**안성맞춤**'은 '①요구하거나 생각한 대로 잘된 물건을 비유적으로 이르는 말. ②조건이나 상황이 어떤 경우나 계제에 잘 어울림.'의 뜻으로 쓰이는 재미있는 우리말입니다.

알싸하다

 아직 한낮은 햇볕이 따가울 정도이지만 아침저녁으로 바람 선선한 계절이 되었습니다.

얼마 전 수확한 붉은 고추를 말리느라 양지마을은 집집마다 마당이 온통 붉은색입니다.

"비가 오나 안 오나, 잘 살펴야 한다~!"

대청마루에 앉은 옥희 할머니는 마당에서 바쁘게 오가는 며느리에게 이렇게 일러 주십니다.

"그럼요, 어머니. 해가 이렇게나 좋은데, 당분간 비는 안 올 것 같네요…"

며느리는 며칠 전부터 쨍쨍한 햇볕 아래 붉은 고추가 잘 마르도록 관리하느라 분주합니다.

며칠 후, 제법 잘 마른 고추를 손질하기 위해 옥희 어머니가 행주를 들고 마당으로 나섰습니다. 옥희 할머니도 지팡이를 짚고 멍석 위로 올라 앉았습니다.

"꼼꼼하니 잘 닦아줘라… 사먹는 사람들이 우리 가족이라 생각하고 정성껏 해야지…"

할머니는 노파심에서 이렇게 말씀하셨습니다.

몇날 며칠 마당에 널어놓고 햇볕에 말리는 동안 먼지를 뽀얗게 뒤집어 쓴 붉은 고추들은 마른 행주로 잘 닦고 꼭지도 일일이 따주어야 합니다.

"그럼요, 어머니. 싹싹 닦아야죠…에…에…엣취…! 엣…취취…!"

한창 바쁘게 손을 놀리던 옥희 어머니가 재채기를 해대기 시작했습니다.

"우리 고추가 제법 **알싸하지**? 매운맛이 아주 잘 들었어, 올해 농사가 잘 됐어… 엣–취!"

며느리가 고추의 매운 향을 이기지 못하고 재채기를 해대자, 따라하듯 할머니의 재채기도 시작됐습니다.

"아유, 정말 맵네요, 어머니! 콧 속이 아려요…엣…취, 취…"

그때였습니다. 대청마루에서 배를 깔고 엎드려 책을 읽던 옥희가 휴지 한 뭉치를 가져오더니 할머니와 어머니의 양쪽 콧구멍에 끼워주며 이렇게 말했습니다.

"할머니, 엄마, 이렇게 콧구멍을 막고 있으면 매운 냄새를 맡지 않아도 되잖아요?"

그러자 할머니가 활짝 웃으며 고개를 끄덕였습니다.

"호호호…그렇구나. 보기에는 맹구 같아도 효과는 아주 좋네… 우리 옥희가 효녀로구나!"

'알싸하다'는 '매운맛이나 독한 냄새 따위로 콧속이나 혀끝이 알알하다.'의 뜻으로 쓰이는 재미있는 우리말입니다. 비슷한 말로 '아리다'가 있습니다.

우리 고추가 제법 **알싸하지**?

암팡지다

옛날 어느 마을에 가난한 나무꾼 가족이 살았습니다. 그런데, 나무꾼은 몇 달 전, 높은 곳에서 굴러 크게 다치는 바람에 꼼짝 못하고 방안에 누워있어야 했습니다. 그사이 나무꾼의 아내는 열심히 가족을 부양했으나, 정작 본인은 물만 먹다가 그만 굶어죽고 말았습니다.

"아이고, 여보~~! 자네가 이렇게 가버리면 남은 우리는 어떡하란 말이오…!"

나무꾼은 아내를 땅에 묻으며 서럽게 울었습니다.

"으이그… 저 남편이 저렇게 다치지만 않았어도 그런 일은 없었을 텐데… 쯔쯧…"

"그러게요! 하늘도 무심하시지… 그 착한 나무꾼의 아내를 데려가시다니…"

마을사람들 모두 나무꾼 가족의 불행을 안타까워하며 혀를 찼습니다.

"어휴… 이젠 남은 식구들도 굶어죽게 생겼으니 어쩌나? 나라도 나가서 일을 찾아야겠다.."

나무꾼에게는 두 아들이 있었습니다. 그중에서 열두 살 난 큰아들이 어느 날 아버지의 지게를 지고 집을 나섰습니다. 그리고 무작정 산에 올라 서툰 솜씨로 나무를 하기 시작했습니다.

해질 무렵이 되어서야 큰아들은 지게 가득 나무를 지고 마을로 내려왔습니다.

"어, 너는 나무꾼 정가네 큰아들 아닌가? 그 산더미 같은 나무는 어디서 났느냐?"

우연히 마주친 나무꾼의 친구 최 씨가 깜짝 놀란 표정으로 물었습니다.

"아…예…제가, 아버지 대신 나무를 한번 해봤어요… 아버지는 아직도 거동을 못 하시니 이젠 제가 가족을 돌봐야 할 것 같아서요…"

땀을 뻘뻘 흘리며 힘겹게 걸음을 옮기던 큰 아들이 쑥스러운 표정으로 대답했습니다. 그것을 본 최 씨가 대견한 마음으로 고개를 끄덕이며 말했습니다.

"허허, 가난해서 제대로 먹지 못해 키도 작고 아직 어린 녀석이 몸은 아주 **암팡지구나**! 네 아버지도 그렇게 많은 나무를 한 번에 해오는 것은 본적이 없는 것 같은데…"

그러자 함께 있던 다른 친구 박 씨가 흐뭇한 얼굴로 호탕하게 말했습니다.

"그래, 그 나무는 오늘 내가 사겠다. 우리 집으로 가자꾸나! 값도 후하게 쳐주마. 정가에게 이렇게 야무지고 다부진 아들이 있는 줄은 처음 알았네? 안 그런가, 최씨! 하하하…"

'**암팡지다**'는 '몸은 작아도 힘차고 다부지다.'의 뜻으로 쓰이는 재미있는 우리말입니다. 비슷한 말로 '다부지다'가 있습니다.

키도 작고 아직 어린 녀석이 몸은 아주 **암팡지구나**!

앙갚음

 새빛 초등학교 5학년 5반에는 다섯 명의 악동들이 있습니다. 창민이, 덕호, 명철이, 우주, 성진이는 늘 뭉쳐서 함께 다녔습니다.

얼마 후, 일요일에 생일을 맞은 성진이가 네 명의 친구들을 점심식사에 초대했습니다.

어머니는 성진이와 친구들을 위해 맛난 음식을 정성껏 준비하셨습니다. 그러나 약속한 시간이 지나도록 친구들은 아무도 나타나지 않았습니다.

"명철아 초대한 친구들이 왜 아무도 안 오니?"

성진이는 왠지 찝찝한 마음으로 친구들에게 전화를 걸어보았습니다.

"아…그, 그게… 나는 가고 싶었는데, 갈 수가 없어…"

"그게 무슨 소리야? 너희들 다 오라고 초대했는데…올 수가 없다고?"

성진이는 명철이의 대답에 이렇게 되물었습니다.

"그게…지난번 미니 축구하던 날, 네가 골키퍼인데 그냥 집에 가는 바람에 우리가 졌다면서… 덕호가, 오늘 네 생일에 안 가는 걸로 **앙갚음**해 주자고… 그래서 안 가는 거야…미안!"

그제야 성진이는 아차, 하는 생각이 들었습니다.

"엄마… 오늘 친구들은 안 올 거래요… 애들이 나한테 분풀이하는가 봐요…"

갑자기 풀죽은 아들의 말에 어머니가 놀라 되물으셨습니다.

"뭐라고? 분풀이라니? 애들끼리 무슨 원수질 일이 있다고 그러니?"

"지지난주에 엄마아빠 결혼기념일 저녁 외출하시던 날, 원래 애들이랑 학교 끝나고 미니축구하기로 했었거든요… 그런데, 나는 엄마아빠 대신 동생 챙기러 집에 빨리 가야 된다며 그냥 왔었어요. 그날, 우리가 3대0으로 졌다며…골키퍼인 제가 빠져서 그렇다며…분풀이하나 봐요."

성진이가 자초지종을 설명하자 어머니는 혀를 차며 말씀하셨습니다.

"어머, 웬일이니? 미니축구시합이 국제대회도 아니고… 그런 걸로 졌네 이겼네 하며, 남의 탓이나 해대고…겨우 5학년짜리들이 재미로 하는 축구시합 한번 빠졌다고, 생일 초대한 친구한테 이런 식으로 분풀이를 하다니… 너희들 정말 친한 친구들 맞니?"

'앙갚음'이란, '남이 저에게 해를 준 대로 저도 그에게 해를 줌.'의 뜻으로 쓰이는 재미있는 우리말입니다. 비슷한 말로 '분풀이, 설욕, 보복, 복수'등이 있습니다.

덕호가, 오늘 네 생일에 안 가는 걸로 **앙갚음해** 주자고…

애면글면하다

2대 독자 현준이는 태어난 지 2년 만에 뇌종양과 뇌수종 진단을 받고 두 번의 큰 수술을 이겨내야 했습니다. 그럼에도 불구하고 끝내 지적장애 판정을 받고 말았습니다.

"이 어린아이에게 뇌종양이라니… 평생 지적 장애를 안고 살아가야 하다니… 이게 무슨 날벼락인가… 하늘도 무심하시지…흑흑…"

그때부터 어머니는 눈물을 흘리며 기도했습니다. 열심히 기도하면 반드시 나아지리라 굳게 믿었습니다. 그러나 하루 이틀, 한해 두해가 지나도 아들에게는 아무런 변화도 일어나지 않았습니다. 날마다 하느님께 기도하던 어머니는 어느 날 문득 이런 생각을 하게 되었습니다.

"이런 어려움이 아들과 나에게 주어진 데는 어떤 이유가 있을 거야… 지적장애를 가졌다고 해서 열심히 노력하지 말라는 법은 없잖아? 우리 현준이도 그냥 방안에만 처박혀 지내면 정말 바보가 되겠지만, 할 수 있는 것을 찾아내어 흥미를 갖도록 내가 끝까지 도울 거야!"

현준이 어머니는 그날부터 눈물을 거두고 아들이 어떤 것에 호기심을 느끼는지 알아내기 위해 **애면글면**했습니다. 그러던 어느 날, 다른 일에는 아무 관심도 없던 현준이가 노래를 불러주면 귀를 기울이고 몸을 조금씩 움직이기 시작했습니다.

'그래 이거구나! 우리 현준이는 음악에 흥미가 있어…'

그 후로 어머니는 음악에 관련된 모든 것을 아이에게 경험시켰습니다. 음악듣기에서 시작하여 피아노를 배우고 첼로를 배우게 되면서 현준이는 점점 행복한 사람이 되어갔습니다. 그리고 20여년 후, 마침내 그는 멋진 첼로 연주자가 되었습니다.

그가 두 살 무렵 지적장애 진단을 받을 때는 물론, 첼리스트로서 첫 연주회가 열리는 날까지 단 하루도 아들의 곁을 떠난 적 없는 어머니는 하염없이 감격의 눈물을 흘렸습니다.

첫 공연이 끝난 후, 그의 사연을 알게 된 사람들은 하나같이 입을 모아 이렇게 말했습니다.

"정말 멋진 연주구나! 장애를 이겨내고 첼로연주자가 되기까지 본인의 의지와 노력도 대단하지만, 한시도 마음 편할 날 없이 곁에서 **애면글면하신** 그림자 같은 어머님이 계셨기에 오늘이 있게 된 것이겠지?!"

'애면글면하다'는 '몹시 힘에 겨운 일을 이루려고 갖은 애를 쓰다.'라는 뜻의 재미있는 우리말입니다.

얄망궂다

　　소녀가 춘삼이네 동네로 이사 온 것은 지난해 겨울이었습니다. 얼굴이 하얗고 또래에 비해 키도 한 뼘 정도 작은 소녀는 이듬해 봄 5학년 2반에 나타났습니다.

"겨울에 이사 왔고, 이번에 우리 반으로 전학 온 '한 아름'이다. 다들 친하게 지내거라!"

담임선생님은 새로 전학 온 소녀를 반 아이들에게 이렇게 소개했습니다.

"한 아름? 이름이 특이하네!" "흥, 이름만 예쁘면 뭐해?" "순덕이 보다는 좀 예쁜데…?"

아이들은 자신들과 좀 다른 이름과 하얀 얼굴의 소녀를 신기한 듯 힐끔거렸습니다.

"그런데 한 아름은 학교에 왜 잘 안 나오지?"

"어디 아픈 아이 같지 않아? 얼굴이 하얘가지고… 금방이라도 쓰러질 것 같더라."

전학 온 뒤, 소녀는 학교에 빠지는 날이 많았고 다시 등교를 시작해도 며칠 못가 결석을 하곤 했습니다. 보름 만에 다시 학교에 나왔을 때, 아이들은 궁금함과 걱정이 뒤섞인 표정으로 소녀의 주위를 맴돌았습니다.

"너…왜 자꾸 학교 결석하니? 혼자 오기 싫어서 그러니? 그러면 나중에 개근상도 못 받아! 우리 집이랑 가까우니까 내일부터 내가 아침에 데리러 갈까…? 같이 학교 오면 좋잖아…?"

쉬는 시간이 되자 짝꿍인 춘삼이가 조심스레 이런 말을 건네었습니다.

"아니! 싫어! 나도 혼자 다닐 수 있어! 내가 그렇게 바보 같아? 흥, 칫, 뿡!!"

소녀는 춘삼이에게 이처럼 쏘아붙이고는 단발머리를 펄럭이며 교실 밖으로 나가 버렸습니다. 뜻밖의 태도에 당황한 춘삼이가 소녀의 뒷모습을 멍하니 바라볼 때, 뒷자리에서 대화를 듣고 있던 순영이가 황당한 표정으로 이렇게 말했습니다.

"어머나! 쟤 참 얄망궂네? 짝꿍이 저를 생각해서 하는 말인데, 어쩜 저렇게 얄밉게 구나? 그치, 춘삼아!"

그러자 춘삼이가 시무룩한 표정으로 순영이에게 속삭였습니다.

"순영아… 이건 우리 엄마한테 들은 비밀얘긴데… 아름이가 많이 아프다는데… 그래서 만날 병원 다니느라 결석하는 거래… 어쩌면 오래 못 살지도 모른다던데…"

'얄망궂다'는 '성질이나 태도가 괴상하고 까다로워 얄미운 데가 있다.'의 뜻으로 쓰이는 재미있는 우리말입니다. 비슷한 말로 '얄궂다'가 있습니다.

얌생이/얌생이꾼

"여기다! 이쪽으로 와 봐요! 아주 널렸어~ 얼른 쓸어 담읍시다!"

숲길을 헤치며 앞서가던 한 아주머니가 메고 온 커다란 배낭을 벗어 내려놓으며, 뒤따라 산길을 오르는 사람들을 향해 소리쳤습니다. 그곳에는 도토리가 지천으로 떨어져있었고 나뭇가지들에도 탱글탱글한 도토리 열매들이 주렁주렁 매달려 있었습니다. 도토리는 갈참나무, 신갈나무, 상수리나무 등 참나무류의 열매를 통틀어 가리킵니다.

"아유, 가을에는 이런 재미로 산에 오는 거지~ 각자 배낭 가득 채우고도 남겠어요!"

"정말~! 이번 겨울엔 도토리묵은 실컷 먹겠다! 아유 좋아라!"

아주머니 일행은 그 자리에 퍼질러 앉아 큼직한 자루 따위를 열어놓고 마른 낙엽 사이로 수북하게 떨어져 쌓여 있는 도토리를 주워 담기 시작했습니다.

때마침 주말을 맞아 아버지와 함께 산에 올랐다가 내려가던 길에 도토리를 채취하는 사람들을 발견한 어진이가 이렇게 말했습니다.

"어…? 도토리는 야생동물들의 소중한 겨울 식량인데… 저렇게 싹 쓸어 가면 안 된댔어요!"

"그래… 그런데 눈앞에 가득한 도토리나 알밤을 보면 사람들은 그냥 지나치기가 쉽지 않은가보구나… 아무리 탐나더라도 야생동물들이 먹을 건 남겨두면 좋을 텐데, 쯧쯧…"

보다 못한 어진이가 도토리 채취꾼들 쪽으로 다가서며 야무지게 입을 열었습니다.

"저기요, 도토리는 다람쥐, 청설모, 멧돼지, 반달가슴곰, 꿩들의 겨울 먹이에요! 아주머니들 같은 얌생이꾼 때문에 겨울에 야생동물들이 굶어죽기도 하고 어쩔 수 없이 사람 사는 동네까지 먹이를 찾아 내려오는 거란 말이에요! 주워 담은 것들 도로 쏟아 놓고 가세요!"

바쁘게 도토리를 주워 담던 이들은 야무진 소년의 태도에 놀랐으나 이내 코웃음을 쳤습니다.

"뭐야? 사방에 널린 도토리 좀 가져간다고 얌생이라니?! 살다보니 꼬맹이한테 별 소릴 다 듣네~ 쳇!"

그때였습니다. 갑자기 요란한 호루라기 소리와 함께 국립공원 관리원들이 나타났습니다. 그리고 도토리 채취꾼들을 향해 이렇게 소리쳤습니다.

"국립공원에서 도토리 채취는 불법입니다!! 적발되면 3년 이하의 징역이나 3,000만 원이하의 벌금형에 처해집니다. 모든 가방은 압수하겠습니다. 그대로 일어서서 뒤로 물러나세요!"

'얌생이'는 '남의 물건을 조금씩 슬쩍슬쩍 훔쳐 내는 짓을 속되게 이르는 말.'의 뜻을 가진 재미있는 우리말입니다. '얌생이꾼'은 '얌생이 짓을 잘하는 사람을 낮잡아 이르는 말.'입니다.

사방에 널린 도토리 좀 가져간다고 **얌생이**라니?

어두커니

 "엄마, 자전거 한 대 사줘! 친구들은 다 한 대씩 있는데 나만 없어. 나도 친구들이랑 같이 학교 다닐 때 타고 싶다고!"

중학교 1학년 현식이가 이렇게 말했습니다.

"자전거? 버스 타고 다니면 되지 무슨 자전거를 탄다고 그러니, 갑자기?"

저녁을 준비하시던 어머니가 뜻밖이라는 듯 되물으셨습니다.

"요새 친구들 사이에서 자전거로 학교 다니는 게 유행이란 말이야! 자전거 타면 건강에도 좋고 버스요금도 아낄 수 있고 얼마나 좋아? 얼른 나도 사줘요, 얼른!!"

어머니가 안 된다고 하실 것만 같아 현식이는 막무가내로 떼를 쓰기 시작했습니다.

"아유, 얘가 왜 갑자기 떼를 쓰고 야단이야? 지금 우리가 자전거 사줄 형편 안 되는 건 너도 잘 알잖아…"

어머니의 말씀에 현식이는 시무룩해져서 자기 방으로 들어가 버렸습니다.

다음날 새벽, 언뜻 잠에서 깬 현식이는 현관문 여닫는 소리를 들었습니다.

"아버지가 매일 그렇게 일찍 나가세요…? 아까 새벽에 문소리 들은 것 같아서요, 엄마…"

학교에 가면서 현식이가 이렇게 여쭙자 어머니가 조심스레 설명하셨습니다.

"그래… 아버지는 벌써 3년째 매일 새벽 4시쯤, 어둠이 채 가시지 않은 **어두커니**에 청과물 도매시장에 과일 사러 가신단다. 그리고 오전에 돌아와 식사하시고 엄마랑 같이 과일트럭 몰고 나가는 거야… 여태 넌 몰랐구나? 아빠가 우리 위해서 고생 많이 하시지?"

수년 전 사업에 실패한 현식이 아버지는 아내와 함께 트럭에 과일을 싣고 주택가를 돌아다니며 판매합니다. 과일행상도 쉽지 않고, 아직 갚아야 할 빚도 많아 늘 고단한 나날이었습니다.

그제야 현식이는 간밤에 떼를 쓴 자신이 부끄러워졌습니다.

"엄마, 죄송해요… 그런 줄도 모르고, 저는 그냥 아이들이 반짝거리는 자전거 타고 다니는 것만 부러워서 무턱대고 떼를 썼어요… 죄송합니다. 다시는 안 그럴 게요…"

현식이의 말에 어머니는 더욱 미안한 표정으로 말씀하셨습니다.

"아니야… 네가 원하는 것을 다 해주지 못하니 부모로서 우리가 더 미안하구나…"

'어두커니'는 '새벽 어둑어둑할 때에.'라는 뜻의 재치 있는 우리말입니다.

아버지는 매일 어둠이 채 가시지 않은 **어두커니**에 청과물도매시장에 과일 사러 가신단다

어리바리하다

"병수야, 우리 병수 맞니? 세상에…그동안 어디 있었어? 얼마나 찾아다녔는데…흑흑…"

어머니는 석 달 만에 장애인보호시설에서 찾은 아들을 품에 안고 눈물을 쏟았습니다.

"…엄…엄…마…엄마다…"

병수는 어리둥절한 얼굴로 중얼거렸습니다.

"기차역 앞에서 온종일 왔다 갔다 하고 며칠 동안 역사에서 웅크리고 잠을 자고 있는 것을 본 경찰이 저희 시설에 데려왔습니다. 댁의 아드님이 확실히 맞나요?"

장애인보호시설의 관리자가 병수와 가족들의 만남의 자리에서 이렇게 확인했습니다.

"네, 틀림없어요… 놀이동산 갔다 오는 길에 기차를 탔는데, 중간에 정차한 어느 역에서 어쩌다 사람들을 따라서 내렸었나 봐요… 순식간에 없어져서, 그동안 얼마나 찾았는지…"

어머니가 다시 찾은 아들의 등을 어루만지며 이렇게 이야기했습니다.

"어휴, 그러니까 아이랑 같이 다닐 때는 정신을 바짝 차려야 한다고 몇 번을 말했어? **어리바리한** 지적장애 아들보다 엄마가 더 어리바리해서야 어떻게 자식을 돌보느냔 말이야!"

모든 일이 아내 탓이라는 듯, 속이 상한 남편은 그동안 참아왔던 분통을 터뜨렸습니다.

"예, 예…제가 죽을죄를 지었어요… 남들 눈에는 어떻게 보일지 몰라도 제게는 둘도 없이 귀한 자식인데… 어디다 갖다버린 것 아니냐고 사람들이 손가락질도 하더라고요…흑흑…"

그동안의 설움을 하소연하며 어머니가 다시 울먹이자 병수가 더듬거리며 말했습니다.

"아…아니야, 엄마가, 올 줄 알았다…엄마 맞다…우리 엄마 맞다…"

그것을 본 보호시설 관리자가 병수 부모님께 이렇게 이야기했습니다.

"장애 아동들은 주의집중이 어렵고 행동 통제가 안 되니 보호자들이 몹시 힘드시죠. 처음에 왔을 땐 몹시 꾀죄죄하고 불안한 상태였는데, 지금은 많이 안정됐어요. 같은 수준의 장애아동보다 상태가 더 나쁜 것도 아니니, 마음 편하게 해주시는 게 중요하고요, 이런 일 겪고 나면 가족 간에 더욱 돈독해집니다. 병수야, 또 한 눈 팔고 **어리바리**하지 말고 건강하게 잘 지내야 한다, 하하!"

병수야, 또 한 눈 팔고 **어리바리**하지 말고 건강하게 잘 지내야 한다

'어리바리하다'는 '정신이 또렷하지 못하거나 기운이 없어 몸을 제대로 놀리지 못하고 있는 상태이다.'의 뜻을 가진 재미있는 우리말입니다.

어우렁더우렁/어우렁더우렁하다

 "나, 안 가… 유치원 안 갈 거야…"

다섯 살 형진이가 떼를 쓰기 시작합니다.

"뭐? 왜? 왜 갑자기 안 간다는 거야? 언제는 유치원 가는 게 젤 좋다더니…"

"유치원 재미없어! 재미없어서 안 갈 거야…."

형진이는 메고 있던 가방과 모자까지 집어던지며 방바닥에 주저앉아 떼를 씁니다.

"재미가 없다고? 선생님이 때렸어? 아니면, 먹기 싫은 음식 억지로 먹게 했어? 왜 그래?"

어머니는 형진이가 유치원에서 안 좋은 일을 당한 것은 아닌지 의심스러워졌습니다.

잠시 후, 어머니는 떼쓰는 아이를 옆에 끼고 유치원으로 달려갔습니다. 그리고 원장님을 만나 따지듯이 물었습니다.

"원장님, 죄송하지만 저희 형진이가 유치원에 오기 싫다고 하는데 왜 그러는 거죠? 혹시 아이가 말을 안 들어서 두들겨 패주셨나요? 아니면 점심식사나 간식을 안 먹어서 야단을 치고 억지로 먹이셨나요? 솔직히 말씀해주시면 모두 이해하고 넘어가겠습니다… 네, 원장님?"

형진 어머니의 당황스러운 질문에도 유치원 원장님은 침착하게 대답했습니다.

"아…형진이가 말을 안 듣거나 먹으라는 음식투정을 하는 일은 전혀 없습니다. 선생님 말씀도 아주 잘 들어요. 그런데, 다른 아이들하고 잘 지내지를 못 하네요… 놀이시간이면 늘 자기가 대장을 하겠다고 나서서 아이들에게 명령을 하고 자기 말을 따르지 않으면 때리거나 꼬집고 괴롭힌답니다. 그러니 이제는 아이들이 형진이랑 같이 놀지 않으려고 하지요. 다 같이 어우렁더우렁하며 지내야 할 텐데… 형진이가 그러질 못 하는 게 솔직히 문제입니다."

원장님의 설명에 형진 어머니는 당황하여 고개를 숙였습니다.

"그래서…유치원에 안 가려고 하는 군요… 자기 뜻대로 안되니까 재미가 없겠죠…? 죄송합니다, 저는 그런 줄도 모르고… 원장님 말씀대로 세상은 어우렁더우렁 살아가야 하는데…유치원 아이들끼리도 그러질 못하다니 걱정이네요… 형진이는 제가 알아듣게 이야기해서 아이들과 다시 잘 지내도록 해볼 게요… 앞으로도 잘 부탁 드립니다…"

'어우렁더우렁'은 '여러 사람들과 어울려 들떠서 지내는 모양.'을 뜻하는 재미있는 우리말입니다. '어우렁더우렁하다'는 '여러 사람들과 어울려 들떠서 지내다.'의 뜻으로 쓰입니다.

얼기설기

 "아, 배고파…왜 이렇게 먹을 게 없냐. 꿀꿀꿀… 날도 추운데 어디서 먹잇감을 구한담…"

한겨울입니다. 오봉산에 사는 야생멧돼지들은 밤낮으로 추위를 견디며 먹이를 찾아 헤매었습니다. 그러나, 며칠째 수풀을 뒤지고 다녔어도 멧돼지들은 아무것도 먹지 못했습니다.

"마을로 내려가 볼까? 우리 형도 며칠 전에 배불리 먹고 왔대! 오늘밤에 같이 가자!"

누렁멧돼지가 이렇게 제안하자 친구인 검정멧돼지는 반신반의하며 되물었습니다.

"그럴까?…배부를 만큼 먹을 게 있다고? 정말? 진짜?"

추위와 허기에 지친 어느 날 밤, 누렁멧돼지와 검정멧돼지는 오봉산 비탈을 조심스레 내려와 가까운 마을로 다가갔습니다.

"저기 봐, 닭들이 사는 곳이야… 냄새가 나잖아! 저쪽엔 고구마와 감자 창고가 있네… 아, 냄새가 진동을 하네… 오늘밤엔 배불리 먹을 수 있겠다. 어서 가자!"

그러나, 닭장 쪽으로 황급히 돌진하던 검정멧돼지가 갑자기 비명을 질렀습니다.

"꾸엑-꾸엑-꽥꽥---멧돼지 살려~ 이게 뭐야! 움직일 수가 없어~~~! 꾸엑-꽥꽥-"

닭장을 둘러쳐놓은 그물망이 검정멧돼지 발목에 휘감기는 바람에 꼼짝달싹 못하게 된 것입니다. 누렁멧돼지도 놀라 도망치려다 방향을 잃고 덫에 걸려 허우적대며 비명을 질렀습니다.

"꾸에엑-꾸엑-아이고 멧돼지 살려~~덫에 걸렸다…꾸엑꺽--"

한밤중의 소동에 놀란 사람들이 손전등을 들고 쫓아와 박수를 치며 떠들어댔습니다.

"이게 무슨 난리야? 야생멧돼지들이 나타났구만! 닭장 앞에 **얼기설기** 쳐놓은 그물망에 흑돼지가 제대로 걸려버렸어!! 허우적대니까 더 칭칭 감겨서 도망도 못가는 거지!"

"창고 앞에 **얼기설기** 만들어둔 덫에도 걸렸네! 내일은 돼지 바비큐를 먹겠구나, 하하!"

그 상황을 지켜보던 마을 청년회장이 씁쓸하게 입을 열었습니다.

"자연이 파괴되고 먹이사슬이 끊기니 산에서 먹이를 찾지 못해 할 수 없이 여기까지 내려오는 거에요… 무조건 멧돼지들 잘못이 아니라고요! 근본적인 대책을 마련해야 할 텐데…"

'얼기설기'는 '①가는 것이 이리저리 뒤섞이어 얽힌 모양. ②엉성하고 조잡한 모양. ③관계나 일, 감정 따위가 복잡하게 얽힌 모양.'의 뜻으로 쓰이는 재치 있는 우리말입니다. 앞에서는 ①의 뜻, 뒤에서는 ②의 뜻으로 쓰였습니다.

엄벙덤벙/엄벙덤벙하다

 원석이네 가족은 올해 추석연휴를 맞아 일주일간 해외여행을 떠나게 되었습니다.

"이야~ 신난다! 내일이면 유럽 5개국 여행 떠나는 것 맞죠, 아빠?"

원석이는 오랜만의 가족여행을 몇 달 전부터 손꼽아 기다려왔습니다.

다음날 새벽, 원석이와 누나 원미와 부모님은 각자의 여행 가방을 끌고 집을 나섰습니다.

"아참, 내 모자…"

잠시 후, 비몽사몽 가족들 뒤를 따르던 원석이가 갑자기 생각난 듯 집으로 뛰어갔습니다. 곧이어 원석이 누나 원미도 "앗, 내 전화기!"를 외치며 뒤따라 달려갔습니다

곧이어 원석이 어머니도 불현 듯 비명을 지르며 아이들 뒤로 뛰었습니다.

"어머나~ 세상에, 나…아무래도 가스를 안 잠근 것 같아요! 갔다 올게요~!"

가족들이 정신없이 우왕좌왕하는 것을 본 아버지는 답답한 듯 언성을 높였습니다.

"아, 그러게 미리미리 확인하라고 몇 번을 일렀는데 왜 이렇게 다들 **엄벙덤벙이**야…!!"

원석이네 가족은 그로부터 1시간여 만에 인천공항에 도착했습니다. 그리고 출국수속을 위하여 길고긴 줄 끝에서 한참을 기다린 뒤에야 마침내 순서가 되었습니다.

"가만 있자, 여권이랑 티켓은 당신이 가지고 있지? 이리 줘."

원석이 아버지가 자신의 짐을 올려놓으며 아내에게 이렇게 말했습니다.

그 순간, 아내는 깜짝 놀라 휘둥그레진 눈빛으로 당황하며 되물었습니다.

"뭐요-? 그걸 왜 나한테 찾아요?! …당신이 챙긴다고 했잖아요?! 설마, 안 가져왔어요?"

그때였습니다. 원석이가 가방에서 여권과 티켓을 꺼내어 아버지께 건네며 말했습니다.

"아차, 아빠! 여권과 비행기 표 여기 있어요. 아까 모자 찾으러 다시 집에 갔을 때, 현관에 있길래 챙겨왔어요. 잘 했죠?!"

그것을 본 아내가 한숨을 내쉬며 이렇게 남편을 쏘아붙였습니다.

"가장 중요한 여권과 티켓을 집에 놓고 오다니… 정말 **엄벙덤벙한** 사람은 당신이네요! 흥!"

'엄벙덤벙'은 '①주관 없이 되는대로 행동하는 모양. ②들떠서 함부로 행동하는 모양.'을 뜻하는 재미있는 우리말입니다. '엄벙덤벙하다'는 '①주관 없이 되는대로 행동하다. ②들떠서 함부로 행동하다.'의 뜻으로 쓰입니다.

여우볕 / 여우볕에 콩 볶아 먹는다

"오늘은 집안 대청소를 하자! 재현이 너는 그동안에는 학교 다니기 바쁘다는 핑계로 방청소 한 번도 제대로 안했지? 이젠 국물도 없다! 농땡이치지 말고 당장 시작해!"

방학을 맞은 아들에게 어머니가 이렇게 말씀하셨습니다.

"아이, 엄마… 방학이 끝날 때쯤 하는 게 맞지 않을까요? 방학은 그동안의 빡빡한 학교생활 때문에 지친 몸과 마음을 편히 쉬어주는 기간이니까, 푹 쉬었다가 개학전 날 싹 치우고 새 학년 새 학기를 새로운 마음으로 시작하는 게 맞잖아요?"

중학생 재현이가 이렇게 어머니를 설득하려 들었습니다.

"아, 됐거든? 너 지난 방학 때도 그랬고 그전 방학 때도 그랬어… 그러다 그냥 넘어갔고 돼지우리 같은 네 방을 결국 내가 계속 치웠거든?! 이번엔 절대 안 넘어간다, 이 녀석아!"

그러나 아들의 속셈을 이미 꿰고 있는 어머니가 단호하게 말씀하셨습니다.

"아, 알겠어요… 얼른 하면 되지 뭘 그래!"

재현이가 더 이상 불평을 하지 못한 채 청소를 시작하는 것을 본 어머니가 기쁨의 미소를 띠었습니다. 그러나 잠시 후, 재현이가 만세를 부르며 거실로 나왔습니다.

"야호! 청소 끝~~~~! 엄마, 청소 다했어요! 이제 놀러가도 되죠?"

"뭐? 지금 청소 시작한 지 10분도 안 지난 것 같은데 벌써 끝이라니? **여우볕에 콩**

볶아 먹는 것도 아니고 무슨 소리야!"

어머니는 시계를 들여다보며 어이없는 표정으로 말씀하셨습니다.

"아니에요, 직접 확인해보세요! 다 치웠다고요! 내가 얼마나 행동이 빠른데…"

어머니는 아들의 방으로 들어갔으나 곧 비명을 지르고 말았습니다.

"야, 김재현! 침대 밑에 죄다 쓸어 넣고, 옷장 안에도 잡동사니들은 몽땅 숨겨놓았잖아! 눈에 안 보이게 숨겨 놓는 게 청소니? 버릴 건 버리고 정리정돈을 해야 할 거 아냐? 다시 해! 됐다고 할 때까지 오늘 아무데도 못 나간다, 너!"

'여우볕'은 '비나 눈이 오는 날 잠깐 났다가 숨어 버리는 볕.'을 뜻하는 재미있는 우리말입니다. '여우볕에 콩 볶아 먹는다'는 속담은 '행동이 매우 민첩함을 비유적으로 이르는' 말입니다.

오롱이조롱이

"으앙~! 엄마~ 누나가 곰 인형 안 준대~~! 으앙!!"
"조용히 해야지! 여기가 우리 집이니? 상희 너는 어린 동생을 왜 울리니? 얼른 돌려줘!"

7남매 가운데 셋째인 상희는 초등학교 5학년입니다. 상희 위아래로는 모두 6명의 형제자매가 있습니다. 7명의 아이들이 지지고 볶아대는 날이면 날마다 상희네 가족은 바람 잘 날이 없습니다.

"할아버지 생신 모임에 와서 이렇게 시끄럽게 하면 안 된다고 했지! 조용히 하자, 얘들아."

상희 외할아버지의 팔순잔치에 참석하게 된 7남매를 챙기느라, 우는 막내를 등에 업은 어머니와 아버지는 정신이 없으십니다. 잔치에 참석한 다른 친척과 손님들도 7남매 가족을 관심 있게 바라보며 이런 이야기를 나눕니다.

"애들이 예닐곱이나 되나 봐요… 아이들은 저희들끼리 큰다지만 먹이고 입히고 하려면 부모가 힘이 적잖이 들겠어요…"

"그렇기도 하지만, 뜻을 함께 할 식구가 많으니 오히려 힘이 덜 들 수도 있어요!"

그때 친척 어르신이 상희네 가족에게 다가오며 반갑게 말을 건넸습니다.

"아이고, 저쪽에서부터 금방 알아봤지! 얘가 상희구나? 토끼같이 예쁜 아이들이 오롱이조롱이 모여 있는 모습을 보니 참 보기 좋구나! 조카야, 여덟째는 언제 나오니?"

"네, 고모님 안녕하셨어요? 여덟째라니요? 아무리 아이가 좋아도 이젠 끝이에요, 호호호."

상희 어머니는 당황한 듯 손을 내저으며 이렇게 대답했습니다.

"그래, 한 부모에게서 난 자식들도 오롱이조롱이라 일곱 아이들 중에는 효자도 있고 말썽쟁이도 있고 할 건데, 앞으로 키우면서 맘고생도 적지 않을 테니 마음 단단히 먹어야겠구나…"

곁에서 고모할머니의 걱정 섞인 말씀을 듣고 있던 첫째 상호가 씩씩하게 대답합니다.

"동생들이 말썽피우지 않도록 제가 잘 돌보겠습니다!"

그러자 고모님이 웃음을 터뜨리며 이렇게 말씀하셨습니다.

"오호호! 그래 이 녀석아, 너부터 잘해야 돼! 아래 동생들이 그대로 배울 테니까 말이야!"

'오롱이조롱이'는 '오롱조롱하게 제각기 달리 생긴 여럿을 이르는 말'의 뜻으로 쓰이는 재미있는 우리말입니다.

오롱이조롱이같은 동생들이 말썽피우지 않도록 제가 잘 돌보겠습니다

오지랖/오지랖(이) 넓다

"그러니까 왜 말을 안 듣냐 이거야, 왜? 사람 말이 말 같지 않냐 말이야!"
"시끄럽소! 말도 안 되는 소리를 왜 자꾸 해? 할 말이 없으면 조용히 잠이나 잘 것이지!"
"뭐야? 그게 하늘같은 서방님께 할 소리야? 이놈의 할망구야!"
"뭐가 어째요? 할망구라니? 이렇게 젊은 할망구 어디서 봤어, 이 못돼 먹은 영감탱이야!!"

많은 사람들이 오가는 시장골목에 자리 잡은 작은 순댓국집 문 밖으로 이렇게 시끄러운 말다툼소리가 새나왔습니다. 그 소리에 하나둘 모여든 사람들이 문밖에서 수군거립니다.

"저 양반들은 시도 때도 없이 저렇게 싸운다니까요! 할아버지가 술 드시고 주방 일 하시는 마나님한테 괜한 잔소리 퍼붓다가 꼭 말다툼을 하죠, 허허."
"특별한 이유도 없겠네요, 그럼?"
"당연하죠! 할아버지가 식당 손님들 시중들며 한잔 두잔 하시다 어느덧 취해버리면 꼭 저렇게 되니까요, 하하하."

구경꾼들은 자리를 뜨지 않고, 말릴 생각도 없이 재미있다는 듯 순댓국집 노부부의 다툼에 눈과 귀를 기울입니다.

그때였습니다. 한 남자가 웅성거리며 모여선 사람들을 헤치고 식당으로 들어섰습니다.

"두 분, 이제 그만 좀 싸우세요! 사람들이 구름처럼 모여서서 흉보고 있잖아요… 이렇게 툭하면 싸운다는 소문나면 누가 국밥 먹으러 오겠습니까? 우리 시장 이미지에도 안 좋아요!"

그때, 여전히 지지 않고 삿대질을 해가며 싸움중인 노부부를 뜯어말리는 남자를 본 구경꾼들 사이에서 누군가 궁금하다는 듯 입을 열었습니다.

"어, 저 사람은 누군데 저리 오지랖이 넓은 거야? 노인네들 말다툼에 웬 참견이랴?"

"저 사람은 이 시장 번영회장인데! 원래 **오지랖이 넓어서** 사람들 모이는 데는 여기저기 무조건 쫓아다니며 얼굴을 내민다오! 허허."

곁에 서있던 이웃 상인이 그 물음에 대답하듯 이렇게 설명해주었습니다.

'오지랖'은 '웃옷이나 윗도리에 입는 겉옷의 앞자락.'의 뜻을 지닌 우리말입니다.
'오지랖(이) 넓다'는 '①쓸데없이 지나치게 아무 일에나 참견하는 면이 있다. ②염치없이 행동하는 면이 있다.'의 뜻으로 흔히 쓰이는 표현입니다. 여기서는 ①의 뜻으로 쓰였습니다.

올망졸망/올망졸망하다

어느 날, 시내에 나갔던 재영이 가족은 애견 샵 근처를 지나게 되었습니다. 유리창 안쪽에 상품처럼 전시된 어린 강아지들을 본 재영이가 부모님을 조르기 시작했습니다.

"엄마! 강아지! 저기 보세요! 아빠, 저 한 마리만 키우게 해주세요, 네!"

"어, 작고 귀여운 아기 강아지들이 **올망졸망** 많이도 있구나!"

전시 판매중인 어린 강아지들을 창 너머로 들여다보던 아버지가 아들에게 물었습니다.

"그런데, 저 귀여운 강아지들이 어디서 태어나는지 알아? 잘 모르지?"

"어미 강아지한테서 태어나는 거 아니에요?"

"맞아. 그런데 저 아기들의 어미 개들은 대부분 태어나서 죽을 때까지 철장 안에 갇혀서 아기만 계속 낳는단다. 태어난 아기들도 어미젖을 먹으면서 보호받고 행복한 시간을 보내는 게 아니라, 어미와 곧바로 헤어져서 이런 상점으로 팔려오는 거야… 엄마가 누군지 기억할 새도 없이 팔려온 뒤에는 물건처럼 사람들 손에 이리저리 옮겨지다가 주인을 만나게 되지."

"좋은 주인을 만나면 되잖아요…?"

"그렇지, 그런데…어미와 너무 어릴 때 헤어진 강아지들은 어미에게서 아무런 교육도 받지 못하고 젖도 먹지 못해서 쉽게 병에 걸리고 몸이 약해져서 많은 문제를 일

으킨단다… 특히 아기 강아지를 집에 데려오면 그때부터는 네가 주인으로서 먹이고 씻기고 산책시키고 아프지 않게 돌보는 모든 일을 책임져야 돼. '내가 안 하면 엄마 아빠가 해주겠지' 하는 생각이라면 그건 무책임한 거야! 어때, 네가 처음부터 끝까지 강아지가 행복하게 잘 살 수 있도록 책임지고 돌볼 수 있겠니? 이 귀엽고 **올망졸망**한 '강아지들은 물건이 아니라 생명'이라는 점을 기억해야 하고, 책임질 수 없다면 쉽게 결정하면 안 되는 거란다. 할 수 있을지 잘 생각해 보거라!"

아버지의 말씀을 듣고 재영이는 한참동안 생각에 잠겼다가 이렇게 대답했습니다.

"생각해보니 자신이 없어요… 책임지고 돌볼 수 있을 만큼 제가 더 크면 그 때 다시 생각해볼게요!"

'올망졸망'은 '①작고 또렷한 것들이 고르지 않게 많이 벌여 있는 모양. ②귀엽고 엇비슷한 아이들이 많이 있는 모양.'의 뜻으로 쓰이는 재미있는 우리말입니다.

'올망졸망하다'는 '①작고 또렷한 것들이 고르지 않게 많이 벌여 있는 상태이다. ②귀엽고 엇비슷한 아이들이 많이 있는 상태이다.'의 뜻으로 쓰입니다.

옹송망송/옹송망송하다

"여러분, 다음 주 수요일은 무슨 날이죠?"

빛나라 초등학교 3학년 5반 선생님이 국어시간에 이렇게 물으셨습니다.

"음… 5월 8일이니까… 어버이날이에요!"

"부모님이 낳아주고 길러주신 은혜에 감사하는 날이요!"

"카네이션 꽃 달아드리고 선물도 해요!"

올망졸망한 아이들이 저마다 손을 들고 이렇게 열심히 대답합니다.

"그래요! 오늘은, 다가오는 어버이날에 맞춰 부모님께 편지를 쓸 거에요. 각자 준비해온 편지지에 그동안 하고 싶었던 말씀이나 감사의 마음을 적어보도록 하세요. 시작~!"

선생님의 말씀에 따라 아이들은 알록달록한 편지지를 꺼내어 한 글자씩 또박또박 써내려갑니다. 그때, 아이들 사이를 걸으며 살피던 선생님과 한 아이의 눈이 딱 마주쳤습니다.

"왜? 미선아, 넌 왜 멀뚱하니 허공만 보고 있니?"

"아…뭐라고 써야할 지 잘 모르겠어요… 매일 보는 엄마한테 뭐라고 쓸지 생각이 안 나요…"

미선이는 당황스러운 표정으로 이렇게 대답했습니다. 그러자 선생님이 되물으셨습니다.

"그래? 갑자기 편지를 쓰려니 **옹송망송한** 모양이구나? 그동안 하고 싶었던 이야기가 있으면 쓰면 되지. 어려워하지 말고 해봐."

그때, 미선이 뒷자리의 철수가 손을 들고 입을 열었습니다.

"선생님, 이렇게 쓰면 될까요? '어머니 아버지 안녕하세요? 저는 강철수입니다. 그러면 안녕히 계세요!'"

"편지가 그게 뭐니? 아무리 **옹송망송해도** 그렇지, 인사만 하고 끝내는 편지가 어디 있어? 좀 더 생각해서 내용을 써보렴. 지난번 학교에서 사고 쳤던 일 반성하는 얘기라든지?!"

그러자 철수는 화들짝 놀라며 머리를 감싸 안고 앓는 소리를 했습니다.

"으윽~! 그 얘기 다시 꺼내면 저는 또 혼날 거에요… 애들이랑 장난치다가 교실 유리창 깨뜨려서…그거 물어내느라 돈 많이 들었다고 부모님께 얼마나 야단 맞았는데요… 어휴…"

'**옹송망송**'은 '뒤숭숭하게 생각이 잘 떠오르지 않고 흐리멍덩한 모양.'의 뜻으로, '**옹송망송하다**'는 '뒤숭숭하게 생각이 잘 떠오르지 아니하다.'의 뜻으로 쓰이는 재미있는 우리말입니다.

아무리 **옹송망송해도** 그렇지 편지가 그게 뭐니?

왕배덕배

"삐뽀—삐뽀——삐뽀—삐뽀———"

멀리서 구급차의 다급한 경광등소리가 요란하게 들려옵니다.

때마침 퇴근시간이라 도로는 수많은 자동차들로 밀리고 혼잡하기 이를 데 없습니다.

"오늘이 금요일이지? 안 그래도 늘 막히는 곳인데 더 심하구나! 위급한 환자에게 조금씩만 양보합시다…"

초조한 듯 혼잣말로 중얼거리는 구급차 기사의 운전대를 잡은 손에 긴장감이 더해집니다.

구급차에는 촌각을 다투는 환자가 실려 있었습니다. 함께 탄 보호자와 응급 구조사도 다급한 심정을 감출 수가 없습니다.

다음 순간, 비좁은 갓길을 빠져나가던 구급차는 갑자기 끼어들어오던 자동차와 추돌하고 말았습니다. 금요일 퇴근시간 무렵의 복잡한 도로 위에서 일어난 사고는 모든 이에게 당혹스러운 일입니다. 구급차 기사는 황급히 밖으로 나가 추돌사고 자동차의 운전자에게 사정합니다.

"죄송합니다만, 지금 매우 위중한 환자가 있습니다! 나중에 연락드릴테니 사고 처리는 그때 하시면 어떨까요?"

그러나 상대방 운전자는 기분 나쁜 표정으로 무턱대고 언성을 높였습니다.

"뭐라고? 이 복잡한 시간에 구급차면 무조건 아무데나 쑤시고 들어와도 되는 거야? 그냥 가긴 어딜 그냥 가? 가기만 해봐, 뺑소니로 확 신고해버릴 테니까!"

구급차 기사는 화를 참으며 다시 한 번 부탁했습니다.

"사실 무조건 끼어든 건 그쪽이잖아요? 아무튼 사고가 났으니 죄송합니다만, 지금은 환자가 더 중요하니까, 나중에…"

"뭐야? 내가 끼어들다 사고 냈다고? 좋아, 제대로 따져 보기 전엔 한 발짝도 못 움직여!"

그때였습니다. 마침 뒤쪽에 서있던 경찰차에서 내린 경찰관이 다가와 이렇게 말했습니다.

"지금 뒤쪽에 차들이 밀려있는 것 보이시죠? 지금 이 자리에서 **왕배덕배** 잘잘못을 따질게 아니라 승용차는 한쪽으로 이동하시고, 구급차는 일단 병원으로 가십시오. 제가 책임지고 이 교통사고를 처리하겠습니다. 시시비비보다 중요한건 환자의 생명이잖습니까?"

'**왕배덕배**'는 '이러니저러니 하고 시비를 가리는 모양.'의 뜻으로 쓰이는 재미있는 우리말입니다.

윤똑똑이

 "아이고 어쩌면 좋아요… 우리 자식들이 용돈하라고 매달 부쳐주는 돈, 아끼고 아껴 꽁꽁 모아둔 돈을 몽땅 뺏겼다우…"

가람마을 우물가에 사는 삼순이 할머니가 마을사람들에게 이렇게 하소연했습니다.

"어이쿠, 나도 지난주에 정부에서 나왔다는 사람한테 돈을 맡겼는데… 나도 뺏긴 거여?"

느티나무 정자 옆에 사는 봉칠이 할아버지도 화들짝 놀라서 되물었습니다.

얼마 전부터 가람마을 노인들 중에는 누군가에게 돈을 뺏겼다는 소문이 돌았습니다.

"어이구, 어쩌다가 다들 그 재산을 누구한테 뺏겼다는 거요?"

이장님이 걱정스레 물었습니다.

"그러게! 뭣이냐, 보이스 피싱인가 뭔가 하는 그놈들한테 속아서 돈을 내준 것이여? 얼마나 멍청하면 그런 사기를 당하는 거여? 못 났네 못 났어… 츠츠츠…"

칠복이 할아버지는 돈을 잃고 우는 사람들 곁에서 남의 일인 듯, 혀를 찰뿐이었습니다.

"그렇게 장담할 일이 아닌데… 그놈들한테 말려들면 긴가민가하면서도 따르게 된다니까!"

또 다른 이웃 노인도 칠복이 할아버지에게 이렇게 이야기했습니다.

그러나 똑똑하기로 이름난 칠복이 할아버지는 이렇게 큰소리를 치며 집으로 돌아갔습니다.

"무조건 돈을 찾으라느니, 정부에서 돈을 맡아준다느니 하는건 사기라고 방송에서 얼마나 떠들어댔는데, 그걸 잊고 돈을 내주다니! 나는 절대로 그런 바보짓은 안 하지! 암, 그럼!"

얼마 후, 노인의 날을 맞아 가람마을 마을회관에 동네 노인들이 한자리에 모였습니다.

"요새 칠복이 영감이 안 보이네? 어디 갔나?"

노인들이 칠복이 할아버지를 궁금해하자 이장님이 코웃음을 치며 이렇게 속삭였습니다.

"아, 그 **윤똑똑이** 칠복이 영감이 사기를 당해서 머리 싸매고 자리에 누웠답니다!"

"뭐라고? 혼자 그렇게 잘난 체를 하더니 보이스 피싱을 당했어? 윤똑똑이가 헛똑똑이였네!"

노인들은 그것 참 고소하다는 듯 이렇게 한목소리로 수군거렸습니다.

'윤똑똑이'는 '자기만 혼자 잘나고 영악한 체하는 사람을 낮잡아 이르는 말.'의 뜻으로 쓰이는 재미있는 우리말입니다. (헛똑똑이 : 겉으로는 아는 것이 많아 보이나, 정작 알아야 하는 것은 모르거나 어떤 것을 선택해야 하는 상황에서 판단을 제대로 하지 못하는 사람을 놀림조로 이르는 말.)

의지가지없다

 〈해여울 마을〉에 있는 중국집 '행운각'에는 배달하는 천사 김 씨가 있습니다.

"얘들아, 학교 갔다 오니? 차 조심하고 집에 잘 돌아가~ 내일 또 보자!"

행운각 배달부 김 씨는 동네 아이들과도 스스럼없이 사귀는 친구 같은 아저씨였습니다.

"행운각 김 씨가 알부자래요… 얼마나 안 쓰고 안 먹고 사는지 돈을 꽤 많이 모았다죠!"

"중국음식 배달해서 얼마나 번다고… 아무튼 성실하고 착하기는 정말 천사지!"

40대의 김 씨는 고아원에서 자라며 초등학교밖에 다니지 못했고 약간의 언어장애가 있어서 말을 잘 하지 못하고 어눌했습니다. 하지만 마음씨가 착하고 성실해서 행운각에서 일한 지도 10년이 넘었습니다. 그는 성실성 하나로 사람들의 믿음을 사는 사람이었습니다.

어느 비가 내리는 봄날이었습니다. 아이들이 학교에서 돌아오는 시각에 오토바이로 배달을 나가던 김 씨는 사거리에서 빗길에 신호위반을 하며 달려오던 승용차와 정면충돌하고 말았습니다. 사고소식을 들은 동네 사람들은 모두 김 씨의 상태를 걱정했습니다.

"무사히 털고 일어나야 할 텐데… 의지가지없는 사람이 다쳐서 장애라도 생기면 어쩌나…"

"그러게요… 착한 사람이니까 꼭 살아날 거에요…"

사람들은 모두 김 씨의 무사귀환을 바랐습니다. 그러나 안타깝게도 사고 다음날 그는 세상을 떠나고 말았습니다.

"안타까워서 어쩌나… 그 천사 같이 착한 사람이 그렇게 허무하게 세상을 떠나다니…"

모두의 진심어린 슬픔 속에서 하늘나라로 떠난 뒤 뜻밖에도 김 씨에 관해 놀라운 소식이 알려졌습니다.

"행운각 김 씨가 살아생전에 무려 30명의 아이들에게 매달 후원을 해왔답니다. 월셋방 살림살이도 쓸 만한 건 하나도 남아있지 않은데, 월급의 80%를 매달 불우한 아이들에게 보내고 자기를 위해서는 아무것도 쓰지 않았답니다… 세상에, 부모도 모르고 **의지가지없이** 살면서 그렇게 남을 위해 아낌없이 베풀다니… 바로 우리 곁에 진짜 천사가 있었어요!"

죽은 뒤에야 알려진 천사 같은 김 씨의 선행소식에 사람들은 감동의 눈물을 흘렸습니다.

'**의지가지없다**'는 '의지할 만한 대상이 없다. 또는 다른 방도가 없다.'의 뜻으로 쓰이는 재치 있는 우리말입니다.

이바지/이바지하다

오늘은 재정이 막내 삼촌의 결혼식 날입니다. 초등학교 3학년 재정이와 5학년 재희 남매가 결혼식 화동(花童)을 맡았습니다. 재정이와 재희는 각각 깔끔한 정장과 드레스를 갖춰 입고 결혼식에서 신부보다 앞서 입장하며 분위기를 살리는 역할을 하게 됩니다.

"재희, 재정이 다 준비됐지? 신부 바로 앞에 서 있다가 '신부 입장~!' 하면 너희들이 먼저 천천히 걸어 들어가면서 꽃바구니에 든 꽃잎들을 머리 위로 던지며 뿌려주는 거야!"

아이들의 엄마가 이렇게 이르자, 재희가 팔 동작을 해보이며 여쭈었습니다.

"네, 알겠어요! 이렇게 팔을 높이 올려서 꽃잎을 뿌리는 거죠?"

"그렇지! 그러면 바닥에 떨어진 꽃잎들을 신부가 뒤따르며 살포시 밟고 나아가는 거지. 그러니까 너무 빨리 걷거나 꽃잎바구니를 쏟거나 하면 안 되겠지? 떨지 말고 잘하자~?"

"엄마, 나 이거 잘하면 자전거 사주신다는 약속 잊지 마세요!"

어머니의 말에 재정이가 눈빛을 반짝이며 강조했습니다.

"아, 그럼! 우리 사랑스런 왕자와 공주가 막내 삼촌 결혼식에 이렇게나 **이바지하는** 데, 엄마가 약속 꼭 지킬 테니까, 걱정 마세요!"

어머니의 다짐을 받고서야 재정이는 안심이 되었습니다.

잠시 후, 결혼식이 시작되었습니다. 귀여운 두 아이들이 꽃잎을 뿌리며 입장하자 하객들은 기쁘고 흐뭇한 마음으로 멋진 결혼식을 지켜보았습니다.

결혼식이 끝난 뒤에도 재정이 친척들은 다시 외가에 모여 잔치를 이어가기로 했습니다.

"아까 식당에서 밥도 다 먹었는데 왜 또 할머니 집에 모이는 거에요?"

재희가 궁금해하자 어머니가 이렇게 설명해주셨습니다.

"멀리서 오신 친척들과 그냥 헤어지면 다들 서운하기도 하고, 신부네 집에서 보내온 **이바지** 음식을 나누어 먹으면서 옛날이야기도 하고 그러는 걸 어른들은 좋아하시니까!"

'이바지하다'는 '①도움이 되게 하다. ②물건들을 갖추어 바라지하다.'의 뜻으로 쓰입니다. '이바지'는 '정성을 들여 음식(특히 결혼을 전후하여 신부 쪽에서 예를 갖추어 신랑 쪽으로 정성 들여 만들어 보내는 음식) 같은 것을 보내 줌. 또는 그 음식.'을 뜻하는 아름다운 우리말입니다.

너희들의 **이바지** 덕분에 삼촌결혼식을 잘 끝냈구나!

입방아/입방아(를) 찧다

"저 윗동네 사는 종수네 알죠? 요즘 어떻게 사는지 아세요?"
〈꽃분이 미용실〉에서 파마를 하고 있던 쌀집 여주인이 옆자리의 슈퍼마켓 여사장에게 슬쩍 물었습니다.
"종수네요? 아…그, 몇 년 전에 어디론가 갑자기 이사 갔다가 얼마 전에 다시 이사 온 집 말이죠?"
"5~6년 전엔가…로또복권에 당첨돼서 돈벼락을 맞고 도망치듯이 이사를 갔다면서요?"
슈퍼마켓 여사장의 머리를 잘라주고 있던 미용실 원장도 호기심 가득한 표정으로 이렇게 물었습니다.
"글쎄, 종수아빠가 무심코 한 장 샀던 복권이 어마어마한 액수에 당첨됐다던데… 그러다 갑자기 이사를 가버려서 확인해 볼 수도 없고, 그 뒤로 동네에 소문만 시끄러웠죠!"
궁금해 하는 사람들에게 슈퍼마켓 여사장이 이렇게 설명했습니다.
"어디서 떵떵거리며 잘 사는 줄 알았는데 갑자기 이 동네로 다시 돌아온 건 왜일까요?"
"그게 이해가 안 되거든요! 종수아빠가 뭐하다 몽땅 날렸는지… 아니면 가난하게 살던 종수엄마가 흥청망청 써대다가 그새 탕진하고 빈털터리가 되니까, 고향생각이

나서 창피한 줄도 모르고 돌아온 건지 말이에요…"

"아유, 돈이 그렇게 갑자기 쏟아지면 다들 그런답디다… 그나저나 남의 일에 안됐다고 해야 하나, 고것 참 고소하다고 해야 하나…호호호!"

이처럼 동네 사랑방 같은 미용실에 사람들이 모일 때면 이러쿵저러쿵 이야기를 하느라 시간가는 줄 모릅니다. 그때였습니다. 뒤쪽 소파에서 제 순서를 기다리고 앉아 있던 동네약국집 사모님이 조용히 입을 열었습니다.

"여보세요들, 남의 일이라고 그렇게 아무렇거나 **입방아**에 올리지 마세요… 내가 이 동네서만 30년 넘게 살고 있는데, 종수네가 복권 맞았다는 소리는 처음 듣네요. 잘 알지도 못하면서 **입방아 찧다**가 큰 코 다치는 수가 있답니다…!"

'입방아'는 '어떤 사실을 화제로 삼아 이러쿵저러쿵 쓸데없이 입을 놀리는 일.'을 뜻하는 재치 있는 우리말입니다. '입방아(를) 찧다'는 '말을 방정맞게 자꾸 하다.'의 뜻으로 쓰입니다.

으로
시작되는 아름답고 재미있는
우리말을 알아보아요

자리끼

이탈리아 사람인 로베르토 씨는 이번에 한국여행을 하게 되었습니다. 수년전 한국 여성과 결혼한 뒤, 현재 한국에서 살고 있는 어릴 적 친구 조르지오를 만나기 위해 찾아온 것입니다.

"야~! 몇 년 만이지? 얼굴 까먹을 뻔 했어! 잘 지내고 있나봐, 예전보다 보기 좋아졌어!"

로베르토가 10여년 만에 다시 만난 친구와 뜨겁게 포옹하며 이렇게 말했습니다.

"하하하! 정말 반갑다! 한 10년 정도 못 본 것 같은데? 어떻게 지냈니?"

조르지오도 활짝 웃으며 친구를 반갑게 맞았습니다.

"어서 와, 한국은 처음이지? 이 나라는 알수록 멋지고 아름다운 나라야. 이번 기회에 너도 한국의 매력을 알 수 있으면 좋겠다."

"그래? 네가 한국 사람과 결혼하고 한국에서 살게 됐을 때도 난 한국에 대해서 몰랐는데, 이번엔 나도 한국에 대해 직접 경험하고 알고 싶어진다!"

다음날부터 두 사람은 한국의 여기저기를 함께 여행하였습니다. 서울과 부산, 인천 등등 한국의 모습과 특징을 한눈에 짐작할 수 있는 곳곳을 다녔습니다. 며칠 후, 두 사람은 전주에 도착했습니다. 한옥마을의 민박집에서 하룻밤을 묵게 된 두 친구는 멋들어진 한옥집들이 즐비한 마을 곳곳을 둘러보았습니다. 로베르토는 처음 보는 한옥의 아름다움에 감탄하였습니다.

"한옥은 이탈리아에서는 볼 수 없는 멋진 건축양식이구나! 소파대신 방석을 깔고 바닥에 앉거나, 침대 대신 요를 깔고 자는 것도 신기하면서도 재미있어."

"이탈리아와 달리 바닥에 '온돌'이라고 하는 난방시설이 돼있거든. 나도 이젠 익숙해졌어!"

밤이 되었습니다. 잠을 자기 위해 방바닥에 이부자리를 깔고 있을 때, 민박집 주인이 쟁반에 물이 담긴 작은 주전자와 물 컵을 가져다주며 말했습니다.

"한옥에서의 첫날밤이네요, 편히 쉬세요! 이것은 **자리끼**로 준비했습니다."

"**자리끼**는 밤중에도 마실 수 있도록 머리맡에 준비해 두는 물이야. 자다가 일어나서 부엌까지 가지 않아도 되니까 편리하겠지?"

자리끼가 무엇인지 궁금해 하는 로베르토에게 친구 조르지오가 이렇게 설명해주었습니다.

'자리끼'는 '밤에 자다가 마시기 위하여 잠자리의 머리맡에 준비하여 두는 물.'이라는 뜻의 재치 있는 우리말입니다.

편히 쉬세요! 이것은 **자리끼**로 준비했습니다

잠포록하다

휴일 아침입니다.
"오늘은 기필코 밀린 이불과 커튼 빨래를 해치우고야 말겠어! 다들 기상~!"
어머니가 아침 일찍부터 가족들을 깨우기 시작합니다.
"아, 엄마 오늘은 일요일인데 좀 더 자면 안 될까요? 아직 7시도 안 됐어요…"
"어…저기, 오늘 비 온다고 한 것 같은데… 비 오는 날은 그냥 쉬는 게 좋을 것 같은데…"
아이도 아버지도 무거운 눈꺼풀을 간신히 들썩이며 이렇게 중얼거립니다.
"비가 오다니요? 누구는 일요일에 쉬고 싶지 않아서 이럴까… 곧 장마가 온다니 그 전에 한번 세탁해서 바짝 말려야 된다고요!"
아내의 성화에 남편은 어느새 잠이 달아난 얼굴로 꾸물꾸물 자리에서 일어났습니다. 그리고 거실 창문을 열고 밖을 내다보았습니다.
"이거 봐, 이거 봐! 금방 비가 쏟아질 것처럼 눅눅하고 잠포록하잖아! 이런 날 이불 빨래를 한다고? 남자인 내가 봐도 이런 날은 빨래를 하면 안 될 것 같은데… 상식적으로 빨래는 날이 화창하고 바람 부는 날 하는 것 아닌가?"
남편은 속았다는 듯, 아내에게 따지고 들었습니다.
"당연히 햇빛 쨍쨍한 날이 좋겠죠. 그래도 어떡해요… 나도 평소엔 출근해야 하니 그나마 제대로 쉬지도 못하고 휴일에는 틈틈이 빨래를 해치워야 할 것 아니에요? **잠포록한** 날씨 때문에 빨래 안 마를까봐 걱정되면 한 가지 좋은 방법이 있기는 해요…"

아내의 대답에 남편이 물었습니다.

"좋은 방법, 그게 뭔데?"

"빨래건조기요! 그러면 날씨에 상관없이 늘 뽀송뽀송하게 말릴 수 있대요! 요즘 빨래 건조기가 대세에요! 우리 건강을 위해서라도…헤헤, 이참에 한 대 마련해줘요…"

"빨래건조기? 빨래는 햇빛에 말리는 게 맞는 것 같은데… 빨래건조기를 갖고 싶다는 게 오늘 같은 날씨에 빨래하는 진짜 이유였나?! 허허…"

아내의 대답에 남편은 혀를 차고 말았습니다.

'잠포록하다'는 '날이 흐리고 바람기가 없다.'는 뜻의 아름다운 우리말입니다.

저춤저춤

 오래전 옛날의 일입니다. 짚신을 만드는 일을 하는 맹 서방이 어느 날, 주문받아 완성한 짚신 100켤레를 등에 지고 장에 갑니다. 아내는 남편이 걱정스러워 마음을 놓지 못합니다.

"진짜 괜찮겠어요? 다리도 불편하고 짐도 많은데…"

"오늘 짚신 100켤레 가져다주고 돈을 받으면, 맛있는 엿을 사다 줄 테니 딱 기다리게!"

그날 저녁, 장에서 돌아오던 맹 서방이 도깨비 고개 중턱에 이르렀을 때입니다. 누군가 말을 걸어오는 소리에 돌아보니 허리가 굽은 노인이 어둠속에 서있었습니다.

"여보게, 자네는 왜 그렇게 다리를 저춤저춤 하는가?"

낯선 노인이 다가오며 맹서방의 걸음걸이에 대해 이렇게 물었습니다.

"네? 어릴 때 감나무에 올라갔다가 떨어져서 조금 다쳤습니다만…"

맹 서방은 갑자기 나타난 노인을 보고 약간 놀랐으나 침착하게 대답했습니다.

"감나무에는 왜 올라갔나? 조금 기다리면 알아서 떨어질 텐데…"

"편찮으신 아버님이 단감이 먹고 싶다 하셔서요. 드시고는 얼마 후 돌아가셨습니다만…"

그의 대답을 들은 노인이 고개를 끄덕이며 다시 물었습니다.

"아, 부모님을 위해 애쓰다 그랬구려? 혹시, 오늘 이 늙은이를 마을 어귀까지 좀 업어다 줄 수 있겠나?"

맹 서방은 뜻밖의 부탁에 당황스러웠으나 순순히 노인을 업고 도깨비 고개를 넘었습니다.

"허허, 처음 본 늙은이를 두말없이 등에 업고 고개를 넘어주니 정말로 심성이 착하구나! 그 보답으로 자네 다리를 낫게 해주겠네! 그럼, 잘 가게!"

허리 굽은 노인은 이렇게 말하고 손을 흔들며 희부연 새벽 어스름 사이로 걸어갔습니다.

"무슨 소리야… 다리를 낫게 하다니? 앗, 어느새 날이 밝아 버렸네…"

맹 서방이 바쁘게 집을 향해 걸음을 재촉할 때, 누군가 뒤에서 그를 불러 세웠습니다.

"혹시…맹 서방 아닌가?? 늘 **저춤저춤**하던 다리는 어떻게 된 거야? 아주 제대로 걷는구려!"

그제서야 맹 서방은 바르게 걷는 자신의 두 다리를 내려다보며 중얼거렸습니다.

"허허, 정말로 다리가 나았네! 그 노인이 도깨비였을까…?!"

'저춤저춤'이란 '다리에 힘이 없어 다리를 조금 절며 걷는 모양.'을 뜻하는 재미있는 우리말입니다.

늘 **저춤저춤**하던 다리는 어떻게 된 거야? 아주 제대로 걷는구려!

줄행랑치다

 찬호네 마을에서는 5일마다 장이 열립니다. 찬호는 어머니를 따라 장에 갔습니다.

"엄마, 추석도 다가오는데 축구화 하나 사주세요! 축구하다가 자꾸 훌떡훌떡 벗겨진다고요!"

찬호가 이렇게 어머니를 졸랐습니다.

"네 생일 때 산 축구화? 아직 멀쩡한 것 내가 다 봤다! 가만히 있어라!"

다가오는 추석 음식 재료를 잘 고르기 위해 분주하신 어머니가 귀찮으신 듯 딱 잘라 말씀하셨습니다.

그런데, 바로 그때였습니다.

"도둑이야~! 도둑! 내 지갑! 내 지갑 훔쳐갔어요! 도와주세요!"

어떤 아주머니의 날카로운 외침소리가 들려왔습니다. 뒤이어 사람들이 후다닥 어디론가 쫓아 달려가는 소리들도 이어졌습니다.

"어머나, 소매치기가 있나 보다! 장날이라 사람들이 많고 혼잡한 틈을 타서 남의 지갑을 훔쳐서 줄행랑치는 나쁜 사람들도 있다니까…"

놀란 어머니도 얼른 자신의 지갑을 확인하며 이렇게 말했습니다.

어느새 신발가게 앞을 지나게 된 찬호가 마침 마음에 드는 축구화를 발견하고 관심을 보였습니다. 그것을 본 신발가게 주인이 찬호에게 말했습니다.

"애야, 한번 신어봐라! 안 사도 괜찮아~"

가게 주인의 말에 찬호는 축구화를 신어보며 마음에 드는 듯 어머니를 쳐다보았습니다.

"엄마, 나 이거 꼭 신고 싶어요… 다른 애들도 다 신었어요! 제발, 사 주세요!"

"너 자꾸 그럴래? 안 돼, 당장 벗어!"

찬호의 애원을 어머니는 단호하게 거절하셨습니다.

그러자 다음 순간, 찬호는 냅다 달아나며 이렇게 소리쳤습니다.

"아 엄마… 딱, 이 신발 신고 싶다고요! 엄마, 이거 그냥 신고 갈게요? 갈게요! 네!?"

"야, 너! 그렇게 **줄행랑치면** 사줄 줄 알고?! 어휴, 쟤가 누굴 닮아서 저러는 거야…"

모든 상황을 지켜보던 신발가게 주인은 터져 나오는 웃음을 참으며 이렇게 말했습니다.

"떼쓰다 안 되면 요즘 애들은 어떻게든지 원하는 걸 얻어내더라고요. 사 주시죠, 어머님!"

'줄행랑치다'는 '피하여 달아나다.'의 뜻으로 쓰이는 재미있는 우리말입니다.

야, 너! 그렇게 **줄행랑치면** 사줄 줄 알고?!

지레짐작하다

　　옛날 어느 마을에 한 남자가 높다란 담장으로 둘러쳐진 넓고 큰 집에서 혼자 살고 있었습니다. 그는 몇 년 전 사고로 가족을 모두 잃은 뒤, 슬픔에 빠져 집안에만 처박혀 지냈습니다.

"높은 담장 안에 아직도 사람이 사나?"

"글쎄요, 얼굴 본지가 언제인지 까마득하지만… 인기척은 가끔 들리던데요…"

"사람들과 왕래하지 않고 저렇게 혼자 살다보면 성격도 괴팍해진다는데…"

"종종 해가 저물고 모두 잠든 시간에만 대문 밖으로 슬그머니 나온다던데?"

마을사람들은 큰 집 주인에 관해 이러쿵저러쿵 이야기를 나누었습니다.

어느 날, 마을의 대장장이가 흥분된 목소리로 말했습니다.

"내가 얼마 전에 외출했다가 돌아오던 한밤중에 그 큰 집 남자를 봤어요!"

"그래요? 인사라도 나눴어요? 어떻던가요?"

이웃이 이렇게 물었습니다.

"어둠속에서 대문 열고 나오는 걸 언뜻 봤는데, 도끼 같은 걸 들고 있었어요… 왠지 겁이 나서 인사는커녕 눈도 마주치지 않고 서둘러 지나쳐버렸죠."

"도끼라고요? 밤중에 왜 그런 걸? 혹시…"

그때였습니다. 사람들이 이상한 추측을 늘어놓을 때 마을의 목수가 나서며 말했습니다.

"왜들 잘 알지도 못하면서 **지레짐작하고** 그러십니까? 외롭게 혼자 살던 그분이 마음을 고쳐먹고 집 마당에 놀이터를 만들고 있어요! 다가오는 마을 잔칫날 동네 아이들에게 놀이터를 깜짝 선물하겠다고 아무도 모르게 준비하고 있었는데… 제게 도움을 청하기도 했답니다."

"그이가 그런 일을? 전혀 짐작도 못했는데…"

"그런데 왜 밤중에 도끼는 들고 다니는 거요?"

마을사람들은 긴가민가하며 이렇게 되물었습니다.

"앞으로는 누구나 집에 자유롭게 드나들 수 있도록 높은 담장도 허물겠다며, 그 대신 낮고 예쁜 나무울타리를 만들려고 산에 나무를 하러 다닌다고 하더군요…"

그제야 사람들은 큰 집 남자에 대해 잘 모르면서 함부로 넘겨짚은 것을 부끄럽게 생각하였습니다.

'지레짐작하다'는 '어떤 일이 일어나기 전 또는 어떤 기회나 때가 무르익기 전에 확실하지 않은 것을 성급하게 미리 짐작을 하다.'는 뜻의 재미있는 우리말입니다.(비슷한 말 : 넘겨짚다)

진둥한둥/진둥한둥하다

"따르르르릉~~! 따르르르릉~~~!"
한밤중의 정적을 깨는 요란한 비상벨소리가 울려 퍼졌습니다.
"불이야!! 불! 불났어요! 사람 살려~!!"
곧이어 다급한 외침이 아파트 건물 어디선가 들려왔습니다.
〈동백 아파트〉1503호 거실에서 불꽃이 튀는 듯하더니 금세 불길이 치솟았던 것입니다.
"어서 대피하세요! 연기라도 마시면 큰일입니다!!"
사람들은 허둥지둥 우왕좌왕하며 계단을 타고 하나둘씩 건물 밖으로 피신하였습니다.
"15층에서 불이 났어요!"
"저기, 1503호예요. 저 시뻘건 불길 보세요! 빨리 화재를 진압해주세요!"
잠시 후, 소방차들이 출동하여 물줄기를 뿜어대며 불을 끄기 시작했습니다.
"그 집에 할머니가 사시는데, 대피를 못하신 것 같아요… 제발 구해주세요…"
이웃들의 말에 따라 소방관이 곧바로 꼭대기 층으로 올라갔습니다. 그런데, 검은 연기가 가득한 1503호 앞에는 뜻밖에도 한 사람이 기침을 하며 머뭇거리고 서있었습니다.
"위험합니다! 얼른 대피하세요, 왜 여기 계십니까?"

소방관의 말에 얼굴을 가린 주인 할머니가 울먹였습니다.

"아이고, 우리 강아지가 아직 안에 있는데… 내가 **진둥한둥** 뛰쳐나오느라 못 데리고 나왔어요… 제발 살려 주세요… 나 혼자 살겠다고 우리 '만두'를 잊어버리다니…"

할머니는 강아지만 두고 혼자 나온 것이 몹시 괴로운 듯 발을 굴렀습니다.

"알겠습니다! 제가 확인할 테니 얼른 밖으로 피하세요! 연기를 많이 마시는 것도 위험합니다!"

잠시 후, 소방관이 불길을 헤치고 들어가 공포에 떨고 있는 강아지를 구해 나오자 할머니는 안도의 한숨을 내쉬며 눈물을 쏟았습니다.

"정말 감사합니다… 만두야, 미안하구나… 늙고 병들어 앞도 안 보이는 너를 두고 나 혼자 살겠다고 **진둥한둥하다**니… 정말 미안하다… 흑흑…"

'진둥한둥'은 '매우 급하거나 바빠서 몹시 서두르는 모양.'의 뜻으로, '진둥한둥하다'는 '매우 급하거나 바빠서 몹시 서두르다.'의 뜻으로 쓰이는 재미있는 우리말입니다.

내가 **진둥한둥** 뛰쳐나오느라 못 데리고 나왔어요…

짜하다

마을에서 좀 떨어진 어느 야트막한 산자락에는 수십 마리 강아지를 돌보며 사는 노인이 있습니다. 마을과의 거리가 있어서 평소에는 그렇지 않지만, 한밤중이나 흐린 날 또는 한여름에는 개 짖는 소리가 마을까지 퍼져가기도 합니다.

"소문 들었어요? 저 산 아래 개사육장에서 개를 키워 보신탕집에 넘긴다고 하더라고요…"

"주인이 개를 팔아서 돈을 엄청 벌었다는 소문은 애들도 알아요!"

이런 소문이 도는 가운데 어느 날 마을 사람들이 회의를 열었습니다.

"다함께 가서 개사육장을 다른 데로 옮기든지 개 키우는 걸 그만두라고 합시다! 우리한테까지 피해를 끼칠지 몰라요!"

며칠 후, 마을대표들이 노인을 찾아가 마을사람들의 뜻을 전했습니다.

"그게 무슨 소리에요? 여기는 개사육장이 아니라 유기견 보호시설입니다. 길에서 주인 잃은 강아지들을 하나둘 거두어 보살피다보니 어느새 50마리 정도가 됐지만, 내 자식처럼 생각하고 먹이고 함께 사는 것뿐이에요."

주인 할아버지가 이렇게 설명했으나 마을대표들은 믿으려 하지 않았습니다.

"유기견들 데려다 키워서 보신탕집에 팔아서 돈을 번다는 소문이 짜하다고요! 듣고 보는 사람들이 한둘이 아닌데 거짓말하지 마세요, 영감님!"

그때였습니다. 보잘것없이 초라하나마 강아지들의 집으로 쓰이는 허름한 가건물

뒤쪽에서 청소를 하던 자원봉사자들이 나오며 말했습니다.

"사실이에요! 할아버지는 허드렛일을 해서 번 돈으로 유기견들을 정성껏 보살피고 입양을 원하는 분들께는 강아지들을 무료로 보내고 있어요. 저희가 매주 봉사하고 있어서 잘 압니다! 마을에 **짜하게** 퍼진 소문은 저희도 알고 있지만 절대 그렇지 않으니 오해를 풀어주세요!"

"정말이에요? 그게 사실이라면, 제대로 알지 못하고 파다한 소문만 듣고 따지러 온 저희들이 죄송합니다… 어르신, 혹시 저희가 도움을 드릴 일이 있다면 말씀해 주세요…"

마을대표들은 자신들의 성급함을 사과하며 이렇게 고개를 숙였습니다.

'짜하다'는 '퍼진 소문이 왁자하다.'의 뜻으로 쓰이는 재미있는 우리말입니다.
비슷한 말로 '파다하다, 퍼지다'가 있습니다.

ㅍ 으로

시작되는 아름답고 재미있는
우리말을 알아보아요

푸둥지

"엄마, 이리 와보세요. 아기 새들이 태어났어요!"

어느 날 아침, 베란다 쪽에서 들리는 어린 새 울음소리에 가만히 다가간 형준이가 어머니를 조심스레 불렀습니다.

"세상에 어머나, 그새 알을 까고 나왔구나!"

형준이네 집 아파트 베란다에 놓여있던 작은 아이스박스에 황조롱이가 날아와 알을 낳은 것은 한 달 전이었습니다. 그리고 엊그제 부화가 시작되었습니다.

"저것 보세요! 못 보는 사이에 회색 솜털로 뒤덮인 새끼들이 5마리나 태어났어요! 신기하다!"

"그러게, 부모 황조롱이들이 알들을 열심히 보살피기는 해도 제대로 부화가 되려나 하고 걱정스러웠는데 정말 다행이다…"

알에서 깨어난 아기 새들은 먹이를 달라고 연방 시끄럽게 울어댑니다. 어미 새는 아기들을 먹이기 위해 부지런히 먹이를 구하려고 하루 종일 바쁘게 날아다닙니다.

그날 저녁, 형준이 아버지도 아기 새들의 탄생을 함께 기뻐하였습니다.

"하하, 멸종위기 2급 보호동물인 황조롱이가 우리 집 베란다에 둥지를 틀고 새끼들까지 태어났다고 하면 아무도 안 믿더라고! 정말 신기하고 기쁜 일이야!"

"그런데 아빠, 황조롱이는 원래 산 절벽이나 고지대에 산다는데 어떻게 우리 집까지 왔죠?"

"자연이 자꾸 파괴되니 사는 곳이 안전하지 않을뿐더러 먹이 구하기도 힘들어지고 하니까, 우리 집 같이 공원이나 숲이 가까운 곳에서는 사람들 눈에 자주 띄는 거지… 아마 저 어미 새도 우리 집 뒷산에 살던 녀석일 거야… 새끼들도 안전하게 야생으로 돌아가야 할 텐데…"

며칠 후, 하루가 다르게 자라는 아기 새들이 푸드득거리며 날아보려는 시늉을 합니다.

"엄마, 아기들이 금방이라도 날아갈 것 같아요! 정말 떠나면 서운해서 어떡하지…"

"그러게! **푸둥지도 안 난 것이 날려고** 애를 쓰네? 호호호, 아무리 **푸둥지**라도 새는 새로구나! 머지않아 자연으로 돌아갈 텐데, 모두 다 제 어미 따라 무사히 잘 가라고 기도해주자…"

그 말을 들은 형준이는 서운함에 금세 시무룩해졌습니다.

'푸둥지'는 '아직 깃이 나지 아니한 어린 새의 날갯죽지.'라는 뜻의 재미있는 우리말입니다. '푸둥지도 안 난 것이 날려고 한다'는 표현은 '걷기도 전에 뛰려고 한다.'는 의미의 속담입니다.

207

E으로

시작되는 아름답고 재미있는
우리말을 알아보아요

토렴

 지현이네 가족은 이번 가을, 여행 삼아 국제영화제가 열리는 부산에 갔습니다.

올해에는 모두 75개국에서 300여 편의 작품이 초청되어 5개 극장과 32개 스크린에서 영화가 상영됩니다. 영화제가 열리는 주말에는 더 많은 관람객들로 특히 부산이 북적거렸습니다.

토요일 오후에 영화 한편을 감상하고 나온 지현이네 가족은 저녁식사를 하기 위해, 맛집으로 이름난 돼지국밥집으로 찾아갔습니다.

"인터넷으로 찾다보니 여기가 토렴하는 돼지국밥으로 유명하더라고요!"

어머니의 안내에 따라 지현네 가족은 식당에 자리를 잡았습니다.

잠시 후, 식탁 위에는 뜨끈한 국물에 쫑쫑 썬 파와 고춧가루가 뿌려지고 김이 모락모락 나는 국밥 세 그릇이 차려졌습니다.

"후루룩~ 아유, 깊은 맛이 나네! 역시 토렴을 해서 그런가봐!"

"엄마, 토렴이 뭐에요?"

국물 맛을 보고 감탄하시는 어머니를 따라 지현이도 국물 맛을 보며 이렇게 여쭈었습니다.

"우동 집에서, 삶아두었던 면을 뜨거운 국물에 넣었다 뺐다 하면서 데운 다음 뜨거운 국물을 부어서 손님한테 내놓지 않니? 그처럼 찬밥을 뜨거운 국물에 넣고, 국물을 부었다, 따랐다 하면서 덥히는 것을 **토렴**이라고 해. 그렇게 뜨거운 국물에 밥을 넣어 데울 때, 밥알들이 깨지면서 새어나온 영양분이 국솥에 녹아들겠지? 한 그릇 내놓을 때마다 그렇게 하면서 적당한 불로 끓인 국물에 모든 국밥의 영양분이 섞여 하루 종일 끓으면서 소화되기 쉬운 상태가 되니까, **토렴**한 국밥은 그렇지 않은 것보다 소화가 잘 된단다. 끓일수록 국물도 더 진해지고."

아내의 설명을 들으며 남편도 국물을 마시고는 감탄하며 말했습니다.

"아, 그래? 은은한 불로 오래 끓인 국물 참 좋은데, 술 마신 다음날 해장용으로도 딱 이겠어요! 지현아 넌 어떠냐, 먹을 만하니?"

"네, 아주 맛있어요! 처음 먹어보지만 구수하고 깊은 맛이 어떤 건지 알 것 같아요. 만드는 데는 좀 번거롭겠지만 정성을 담아 만든 음식이라 건강에도 좋겠죠!"

'토렴'은 '밥이나 국수에 뜨거운 국물을 부었다 따랐다 하여 덥게 함.'의 뜻으로 쓰이는 재치 있는 우리말입니다.

ㅎ 으로
시작되는 아름답고 재미있는
우리말을 알아보아요

한무릎공부

"엄마, 제발 부탁이에요! '드론' 딱 한번만 다시 사주세요…"

며칠 전부터 창원이가 어머니를 졸라댑니다.

"벌써 몇 개째니? 그거 잠깐 잘못하면 땅으로 곤두박질쳐서 다 박살나버리고, 조종도 제대로 못하면서 뭘 자꾸 사달래? 그게 무슨 재미니? 옛날 모형비행기 날리는 거랑 뭐가 달라? 그거나 계속 가지고 놀 것이지, 갑자기 무슨 드론 바람이 불어가지고…"

"엄마, 그럼 내가 이번 수학경시대회에서 1등하면요? 그러면 상으로 드론 사주실래요?"

"뭐라고? 공부하라고 노래를 불러도 안하는 애가 무슨 경시대회 1등이야? 더구나 수학은 더 싫어하면서! 좋아, 수학경시대회 1등 해오면 그땐 한 번 더 사준다!"

어머니는 창원이의 제안에 코웃음을 치다가 한번쯤 믿어주기로 하였습니다.

"정말이에요. 엄마! 약속하신 거에요!"

그날부터 창원이는 정말로 열심히 공부하기 시작했습니다.

"아니, 쟤가 내 아들이 맞나? 웬일로 책상에 저렇게 오래 앉아 있지?"

얼마 후, 휴일에도 방에서 나오지 않고 공부하는 아들을 본 아버지가 놀라 중얼거렸습니다.

"호호, 그러게요! 드론 하나 더 사달라고 조르더니, 자기가 먼저 수학경시대회 1등

해올 테니 상으로 사달라고 하더라고요! 그런데…**한무릎공부**도 하던 애들이나 하는 거지, 저 뺀질이가 과연 목표를 이룰 수 있을까요?"

그로부터 3주후, 수학경시대회가 열렸습니다.

"어떻게 됐니, 아들? 드론은 물 건너갔지? 야, 공부도 하던 애들이 하는 거야…"

어머니가 뻔하다는 표정으로 짓궂게 물었습니다.

"하하하! 짠~! 1등! 1등!! 엄마 약속 지키세요, 드론이요!! 야호!"

그러나 창원이는 1등 성적표를 자랑스럽게 내밀며 큰소리를 쳤습니다.

"어머나, 정말? 우리 아들 대단하다?! 정말로 1등을 했단 말이지? 그럼, 당연히 엄마도 약속 지켜야지! 드론 사러 가자! 다음에 갖고 싶은 것 걸고 또 공부하자, 응!?"

약속을 지킨 창원이가 대견한 어머니도 기쁘게 말씀하셨습니다.

'**한무릎공부**'란 '한동안 착실히 하는 공부.'라는 뜻의 재미있는 우리말입니다.

우리 아들이 착실하게 **한무릎공부**를 다 하는구나

함치르르/함치르르하다

   두 딸들과 외출에 나서며, 재투성이 누더기 앞치마를 두른 막내딸에게 계모가 말했습니다.

"누더기야, 지금부터 우리가 돌아올 때까지 온 집안 구석구석 깨끗하게 청소하고, 모든 마룻바닥과 가구들을 **함치르르** 광택이 나도록 닦아놓아야 한다! 알겠니?"

'누더기'라고 불리는 막내딸은 한숨을 내쉬며 조심스레 대꾸했습니다.

"네…? 온 집안 청소도 모자라서 마룻바닥과 가구들까지 함치르르하게 닦아놓으라고요? 어머니, 오늘 밤 성에서 열리는 무도회에 가려면 시간이 부족할 것 같은데요…"

"뭐라고? 집안에서 청소나 하는 너 같은게 무도회엘 가겠다고? 왕자님이 온 나라 처녀들을 초대했지만, 넌 아니란다… 애야… 넌, 부엌데기 '재투성이 누더기'잖니? 츠츠츠…"

계모는 욕심이 덕지덕지 들러붙은 얼굴을 들이밀고 혀를 차며 돌아섰습니다.

막내딸은 서러움에 눈물이 쏟아졌으나 이내 마음을 고쳐먹고 청소를 시작했습니다. 그렇게 열심히 쓸고 닦고 문지르고 있을 때, 뒷산 자작나무숲에 사는 요정이 불쑥 나타났습니다.

"누더기 소녀야, 내가 너를 도와줄게~! 너도 무도회에 갈 수 있어! 깨끗해져라~휘리릭~~!"

"어머나! 금세 깨끗해졌네! 정말 고마워요, 요정님! 마룻바닥도 저 많은 가구들도 순식간에 윤기가 함치르르 흐르다니, 고마워요!"

누더기 소녀는 기쁨의 눈물을 흘리며 감사의 말을 전했습니다.

"기다려봐! 이제 너도 먼지 털고 변신해야지! 자~ 이리오렴! 아름다워져라~휘리릭~~!"

자작나무 요정이 지저분한 재투성이 누더기 앞치마를 향해 요술 봉을 휘둘렀습니다.

"어멋~! 세상에! 이렇게 예쁠 수가!"

다음 순간, 재투성이 소녀는 눈부신 드레스의 아름다운 모습으로 변신하였습니다.

"좋았어~! 이제 금빛 구두를 신고 **함치르르하게** 긴 생머리를 나부끼며 왕자님을 만나러 가거라! 아름다운 신데렐라야!"

마침내, 신데렐라는 자작나무 요정이 건넨 반짝이는 금빛 구두를 신고 호박마차에 올라 무도회가 열리는 왕궁으로 달려갔습니다.

'함치르르'는 '깨끗하고 반지르르 윤이 나는 모양.'의 뜻으로 쓰이는 아름다운 우리말입니다. '함치르르하다'는 '깨끗하고 반지르르 윤이 나는 상태이다.'의 뜻으로 쓰입니다.

이제 금빛 구두를 신고 **함치르르하게** 긴 생머리를 나부끼며 왕자님을 만나러 가거라!

햇무리

…내일은 점차 흐려져서 비가 오겠습니다…

"안 돼~~~~! 소풍가야 된단 말이야!"

다음날 소풍을 앞둔 대호가 내일의 날씨예보를 보다가 비명을 질렀습니다.

"아이고, 어쩌냐… 하필 우리 대호 봄 소풍 가는 날 비가 온다니…미룰 수도 없고 말이야."

아들과 함께 뉴스를 시청하시던 아버지도 안타까운 듯 말씀하셨습니다.

"안 그래도 오늘 하늘을 보니 **햇무리**가 보이더라! 햇무리나 달무리가 보이면 다음 날 실제로 70%정도는 비가 온다는 통계가 있거든. '제비가 낮게 날면 비가 온다'든가 '햇무리와 달무리가 생기면 비가 온다', '새벽안개가 짙으면 날씨가 맑다' 와 같은 날씨와 관련된 속설도 무시할게 못돼요."

곁에 있던 어머니의 설명에 대호가 다시 여쭈었습니다.

"햇무리, 달무리가 뭐예요?"

"햇무리와 달무리는 햇빛이나 달빛이 얼음결정으로 된 엷은 구름에 의해 반사되는 현상인데, 그게 바로 저기압이 다가오고 있다는 표시가 되는 거지. 옛 조상들은 이런 식으로 해와 달 별, 바람, 구름 등의 상태나 변화, 또는 여러 생물들의 활동 변화를 살펴서 다가올 날들의 날씨를 예측했단다. 한마디로 하늘을 보고 기후를 전망한 거야."

어머니의 부연설명이 끝나자 아버지가 이렇게 덧붙였습니다.

"지금의 일기예보는 첨단과학에 의존하는데, 인공위성이 보내주는 각종 관련 정보에다가 중국 등 해외로부터 들어오는 데이터들과 이를 처리하는 슈퍼컴퓨터 등이 바로 오늘날 일기 예보의 첨단도구들이지. 그렇다고 해서 날씨를 100% 정확하게 맞추는 것도 아니야. 우주라는 공간은 혼돈 그 자체이기 때문에 인간의 힘으로 예측하고 확인하는데 한계가 있지."

대호는 부모님의 설명을 듣고 나서 한숨을 쉬며 말했습니다.

"어휴, 그렇다면 내일 날씨야말로 제발 좀 틀렸으면 좋겠어요, 제~~발!"

'햇무리'는 '햇빛이 대기 속의 수증기에 비치어 해의 둘레에 둥글게 나타나는 빛깔이 있는 테두리.'라는 뜻의 아름다운 우리말입니다.

햇무리나 달무리가 보이면 다음날 비올 확률이 높아진단다

허름하다

 기차가 다니는 철교 아래, 외진 골목 끝에는 〈늘푸른 식당〉이라는 허름한 간판이 걸린 국밥집이 있습니다. 국밥집 출입문에는 이런 안내문이 붙어있습니다.

〈 돈 없는 사람에겐 무료입니다. 〉

그래서인지 국밥집에는 돈이 없어 하루 종일 굶다가 찾아오는 사람들이 적지 않았습니다.

"제가…오늘 일을 못 나가서 일당을 벌지 못했거든요… 그래서 한 끼도 못 먹었는데…"

사람들은 피곤에 지친 얼굴로 머뭇거리며 식당에 들어서 주인에게 이렇게 말했습니다.

"먹자고 하는 일이니 뜨끈한 국밥 한 그릇 드시고, 돈 벌면 그땐 돈 내고 드시면 되지요!"

돈 없어도 국밥을 먹을 수 있다는 소문 때문인지 어느 순간부터 식당에는 돈 내는 손님보다 돈 없는 손님이 점점 더 많아졌습니다. 주인은 자신의 가진 것을 털어 식당을 운영하였지만 갈수록 하루하루가 쉽지는 않았습니다.

어느 날 밤늦은 시각, 허리가 구부정하고 초라한 노인이 식당에 들어서며 물었습니다.

"국밥 한 그릇 얻어먹을 수 있을까요…? 지갑을 안 가져와서요…"

주인은 노인에게 미소를 건네며 뜨거운 국밥을 정성껏 대접했습니다.

"추위에 떨었는데 더운 국밥 덕분에 기운이 나네요… 고맙습니다… 감사의 표시로 돈 대신 이걸 드려도 될까요?"

식당을 나서며, 노인은 꽁꽁 싼 무엇이 든 낡은 봉투를 내놓았습니다.

잠시 후, 그것을 열어본 주인은 입을 다물지 못했습니다. 낡은 봉투 속에는 거액이 예금된 통장과 도장, 그리고 편지 한 장이 들어 있었습니다.

〈 이 돈을 좋은 일에 써주십시오. 평생 성실하게 모은 돈입니다. 〉

"아니…! 그 **허름한** 행색의 노인네가 이런 큰돈을 내놓다니… 어떻게 된 일일까?"

그길로 다급하게 뛰어나가 두리번거리던 주인은, 멀리서 고급승용차에 오르며 손을 흔드는 노인을 발견하였습니다. 그제야 상황을 파악한 주인은 고개 숙여 감사의 마음을 전했습니다.

'허름하다'는 '① 좀 헌 듯하다. ②값이 좀 싼 듯하다. ③사람이나 물건이 표준에 약간 미치지 못한 듯하다.'의 뜻으로 쓰이는 재치 있는 우리말입니다.

비슷한 말로 '낡다, 너절하다, 싸다'가 있습니다.

헛가래

"엇? 그건 못 보던 것 같은데…? 어디서 났냐…응?"

주말 점심 약속시간에 맞춰 외출하는 딸의 모습을 본 어머니가 무엇인가 발견한 듯 놀라서 물었습니다.

"어…어? 뭐? 늘 쓰던 거에요… 무슨 엉뚱한 소리야, 엄마는…!"

딸은 당황하여 이렇게 큰소리치며 도망치듯 현관 쪽으로 향했습니다.

"아닌데…그 가방은, 처음 보는 건데… 넌, 값비싼 명품가방이 도대체 몇 개냐?"

어머니는 확신에 차서 다시금 캐물었습니다.

"흠흠…무슨 소리야? 이 가방은 원래 있던 건데… 그리고 그렇게 비싼 것도 아니라고요! 지난번 백화점 세일할 때 샀다고요, 흥!"

"어휴, 저 헛가래 뱉는 것 봐라… 한두 푼도 아닌 명품가방을 수집이라도 하는 거야? 얼른 돈 모아서 시집갈 생각은 안 하고… 만날 월급 적다고 투덜대면서 무슨 가방은 하루가 멀다 하고 새로 사대니, 그래?"

서둘러 현관 밖으로 뛰쳐나가는 딸의 뒤통수에 대고 어머니는 연달아 잔소리를 퍼부었습니다. 그러자 곁에 있던 아버지가 이렇게 딸의 편을 들어주었습니다.

"허허, 젊은 애들이 다 그렇지 뭐… 학교 다닐 땐 마음대로 못해본 것들 스스로 일해 번 돈으로 해보고 싶겠지…"

그 소리를 들은 아내는 잘 걸렸다는 듯 남편을 향해 이렇게 쏘아붙였습니다.

"뭐라고요? 계집애가 지금 누굴 닮아서 저렇게 쓸데없이 돈을 써대는 걸까요?!"

"아, 뭐…? 내, 내가 뭘 어쨌다고? 왜 또 갑자기 화살을 나한테 돌리는 거요? 험험…!"

남편은 뜻밖의 공격에 당황하여 우물쭈물하였습니다.

"아이고, 저 **헛가래** 뱉는 것도 딸이나 아버지나 똑같네요. 그 비싼 카메라 수집한다고 평생 돈을 써댄 사람이 여기 누가 또 있어욧?! 그것도 그냥 취미로 사진 찍는 사람이 말이에요!"

아내는 거실 한쪽 벽면을 채우고 있는 커다란 장식장에 가득한 여러 종류의 값비싼 카메라와 렌즈들을 가리키며 소리를 빽 질렀습니다.

'**헛가래**'는 '가래가 나지도 아니하는데 공연히 내뱉는 가래.'라는 뜻의 재미있는 우리말입니다.

화수분

"35, 12, 6, 17, 42, 20!! 이번 주 1등 당첨 번호입니다, 축하드립니다!!"
"어…어…? 이, 이거, 이거 어떡하지…?!!"

어느 토요일 저녁입니다.

며칠 전, 잔돈을 바꾸기 위해 가게에서 복권 1장을 구입했던 철구 씨는 무심코 텔레비전을 보다가 입을 다물지 못했습니다.

"아파트 공사장에서 일용직으로 일하던 철구 씨가 복권 1등에 당첨됐다고요?"

"그래요! 자그마치 30억 원 정도 받게 됐다는 것 같아요!"

"아이고, 늘 고생만 하더니 잘됐네. 아픈 어머니도 잘 모실 수 있게 됐으니 다행이야!"

가난해도 병든 어머니를 모시고 열심히 살던 철구 씨에게 좋은 일이 생겼다는 소식에 동네 사람들 모두 기뻐하였습니다.

"철구씨가 얼마 전에, 고아원과 양로원에 5억 원이나 되는 큰돈을 기부했대요!"

"그뿐이 아니에요. 우리 동네 발전을 위해 마을회관도 지어주고 중학교에도 장학금으로 1억 원을 또 기부했대요! 그렇게 착한 사람인 줄 몰랐어요!"

"이웃 지하셋방에 살던 아기가 급한 수술비가 필요했는데, 그것도 도와줬대요!"

마을사람들은 복권당첨금을 이웃들과 나누는 철구 씨에 대해 입에 침이 마르도록 칭찬을 아끼지 않았습니다. 그런 소문을 아는 철구 씨 어머니가 걱정스레 아들에게 말했습니다.

"애야, 아무리 큰 재물이라도 끝이 있는 법인데, 그렇게 써대다가는 주머니가 화수분이라도 모자라겠구나! 앞으로 살아갈 날이 많은데 좀 더 계획적으로 돈을 관리해야 하지 않겠냐?"

"네, 어머니. 당첨된 복권이 **화수분**도 아니지만, 그 돈은 우리처럼 꼭 도움이 필요한 다른 분들과 나누는 게 맞다고 생각돼요."

욕심 없는 아들의 대답에 어머니는 고개를 끄덕이며 손을 꼭 잡아주었습니다.

'화수분'은 '재물이 자꾸 생겨서 아무리 써도 줄어들지 아니함.' '재물이 계속 나오는 보물단지.'라는 뜻의 재미있는 우리말입니다.

'주머니가 화수분이라도 모자라겠다'라는 표현은 '주머니 속에서 돈이 샘솟는 듯하여도 모자라겠다는 뜻으로, 재물을 함부로 낭비하지 말라는 말.'의 뜻입니다.

당첨된 복권이 **화수분**도 아니지만, 그 돈은 우리처럼 꼭 도움이 필요한 곳에 쓰는게 맞다고 생각돼요.

황소바람

 겨울이 성큼 다가왔습니다. 하루하루 추워지는 날씨에 사람들은 월동준비를 서두릅니다.

"오늘은 마트에 가서 보온재를 좀 사야겠구나. 지난 겨울, 베란다 창문에 붙였던 '뽁뽁이' 비닐이 아주 효과가 좋았어! 진짜로 그건 정말 놀라운 발명품이야, 그치?"

"그 '뽁뽁이' 비닐이요? 원래 이름은 '에어 캡'이고, 처음 발명한 사람은 미국사람이에요. 비닐양면 사이에 작은 공기 주머니 같은 것이 포함되어 있잖아요? 그 부분이 창문에 붙였을 때 열손실을 줄이는 역할을 하는 거에요. 우리나라 건설기술연구원에서 그 효과를 알아보기 위해 실험했더니 바깥 온도가 영하 15도일 때 뽁뽁이를 창문에 붙이는 것만으로도 실내온도를 2.5도나 높이는 효과가 있었대요!"

초등학교 4학년 승원이가 어머니의 궁금증에 대해 이렇게 유창하게 설명했습니다.

"우리 승원이가 모르는 게 없네? '바늘구멍으로 황소바람 들어온다'더니, 지난 겨울에 정말로 난방비가 많이 줄었단다. 그런데, '에어 캡'이라는 제 이름 놔두고 왜 '뽁뽁이'라고 부른다니?"

"그 비닐의 공기주머니를 터뜨릴 때 '뽁-뽁-'하고 터지는 소리가 나잖아요? 그 소리를 듣고 사람들이 '뽁뽁이'라고 부르게 됐는데, 많은 사람들이 그렇게 부르다보니 국립국어원에서 2015년도에 정식으로 포장, 단열재로 쓰이는 '에어 캡'의 우리말 이름으로 선정했대요."

똘똘한 아들 승원이의 이어지는 설명에 어머니는 고개를 끄덕이며 감탄했습니다.

"그렇구나! '뽁뽁이'가 이제는 진짜 우리말 이름이 됐구나! 재미있고 딱 맞는 이름이다!"

"근데 엄마, 저도 보온을 위해서 털 부츠 하나만 사주세요!"

"넌, 운동화가 제일 좋다고 했잖아? 그래서 얼마 전에도 하나 새로 샀잖아!"

"그래도 겨울엔 털 부츠를 신어야죠! 운동화 틈새로 황소바람이 얼마나 들어오는데요?!"

"뭐? 황소바람?? 땅콩만한 녀석이 아는 것은 많아가지고…내가 졌다, 호호호!"

어머니는 야무진 아이의 대꾸에 할 말을 잊은 듯 유쾌한 웃음을 터뜨렸습니다.

'황소바람'은 '좁은 틈으로 세게 불어 드는 바람.'을 뜻하는 재미있는 우리말입니다. '바늘구멍으로 황소바람 들어온다'는 속담은 '추울 때에는 바늘구멍 같은 작은 구멍에도 엄청나게 센 찬 바람이 들어온다는 뜻으로, 작은 것이라도 때에 따라서는 소홀히 하여서는 안 됨을 비유적으로 이르는 말.'입니다.

흥이야항이야하다

화창한 어느 날, 미선이와 미선이 어머니는 자신들의 반려견 '루비'와 함께 동네 산책에 나섰습니다. 일행이 널찍한 공터 쪽으로 걸어갔을 때였습니다. 덩치가 크고 목줄이 없는 시커먼 개 한 마리가 갑자기 어디선가 달려와 루비를 물어뜯을 듯 사납게 짖어대며 위협했습니다.

"엄마야~! 아악~!"

어린 미선이와 어머니는 물론 체구가 작은 반려견 루비도 매우 놀라 비명을 지르며 사색이 되었습니다. 그때 개 주인인 듯한 한 남자가 뒤이어 나타났습니다.

"어머낫 세상에! 이게 무슨 일이에요? 저렇게 크고 사나운 개를 목줄도 없이 그냥 풀어주시면 어떻게 합니까? 얼마나 놀랐는지 아세요?"

미선 어머니는 화가 나서 이렇게 주인에게 따졌습니다. 그러자 남자는 별일 아니라는 듯 자신의 개를 품에 안으며 이렇게 대꾸했습니다.

"아, 예…죄송합니다… 목줄 하고 다니다가 지금 잠깐 풀어준 거에요…"

"잠깐이라뇨? 사고는 잠깐 사이에 일어나는 거에요! 당장 목줄하시라고요! 그리고 배변봉투도 안 갖고 다니시죠? 줄도 없이 다니다 똥을 싸면 어디다 싸는지 제대로 확인이 안 될테니 똥도 제때 못 치우시잖아요? 그런 게 규칙을 잘 지키는 사람들에게 피해를 주는 거라고요!"

남자의 태도가 못마땅하여 미선 어머니가 더욱 몰아붙이자 남자도 불쾌한 듯 되받

앉습니다.

"아, 거참…! 미안하다잖아요? 내 개는 내가 잘 알아서 관리한다는데, 아주머니가 왜 **흥이야항이야**하는 겁니까? 자기 개나 잘 키우면 될 것이지, 무슨 말이 그렇게 많아…"

뻔뻔스러운 남자의 말투에 미선 어머니는 기가 막힌 듯 이렇게 쏘아붙였습니다.

"**흥이야항이야**라니요? 이게 왜 남의 일이에요? 당신 같은 사람 때문에 나같이 원칙대로 하는 사람들도 모두 욕을 먹잖아요? 개를 제대로 키우려면 주인이 먼저 인간이 되세요!"

그때, 근처에서 이들의 다툼을 지켜보던 한 노인이 이렇게 중얼거렸습니다.

"반려견을 키우는 인구가 1000만 명이 넘는다는데… 제대로 알고 관리하는 사람이 얼마나 되는지 참 걱정스럽구나…!"

'**흥이야항이야하다**'는 '관계도 없는 남의 일에 쓸데없이 참견하여 이래라저래라 하다.'의 뜻으로 쓰이는 재미있는 우리말입니다.

흐리마리하다

"어? 이 고려청자 꽃병… 이거… 누가 이렇게 했어? 누구야!"

골동품수집이 취미인 아버지는 어느날 우연히 거실 장식장 위에 놓여있던 고려청자를 들여다보다가 가족들을 향해 갑자기 소리쳤습니다.

"아이, 깜짝이야… 왜요…… 그, 귀한 고려청자가 어쨌다고요?"

어머니는 몹시 놀란 듯 이렇게 되물었습니다.

"늘 그 자리에 있어서 신경을 제대로 안 썼는데, 지금 우연히 지나다 보니까…이게 뭐야?!"

주혁이와 주희 남매도 아버지의 큰소리에 놀라 긴장하며 다가왔습니다.

"어..? 그게 왜요? 저희는 모르는 일인데요…"

자세히 보니 고려청자의 주둥이부분이 여러 조각으로 깨어진 채 그럴듯하게 접착제로 붙여놓은 상태였습니다. 누군가 깨뜨린 것을 아무도 모르게 되돌려 놓으려 한 것 같았습니다.

"다들 보이지? 누가 이 귀한 골동품을 이렇게 만들었는지, 자수해…"

"어머, 나는 처음 보는데요? 얘들아, 너희들 왜 그랬니…그러니까 늘 조심하라고 했잖아…"

어머니가 짐짓 걱정스런 표정으로 아이들을 돌아보며 말씀하셨습니다.

"아, 전 아니에요. 엄마! 절대!"

"저도 아니에요! 그걸 만질 일도 없고 손닿는 곳도 아닌데 뭐 하러 일부러 부딪히겠어요?"

아이들이 강한 어조로 이렇게 부인하자 남편은 다시금 아내를 지그시 쳐다보았습니다.

"아, 아니라니까요…참… 난 그냥 열심히…살림하느라고… 열심히…"

남편의 시선을 피하며 아내가 이렇게 우물쭈물하자, 남편은 고개를 갸웃거리며 중얼거렸습니다.

"이상하네…왜 당신 말끝이 **흐리마리한** 걸까…? 항상 똑 부러지는 사람이…!"

그제야 아내는 미안한 얼굴로 진땀을 흘리며 변명했습니다.

"호호, **흐리마리하다**니요? 아니, 그게…사실은, 엊그제 타조깃털 먼지털이개로 먼지를 털다가 살짝 건드렸는데, 바닥으로 떼구르르…하더니 그냥 주둥이가 톡 깨지는 걸 어떡해요? 호호…난 진짜로 살림 열심히 한 죄밖에 없다고요…호호호!"

'흐리마리하다'는 '말끝을 분명하지 않고 모호하게 하다. 생각이나 기억, 일 따위가 분명하지 아니하다.'의 뜻으로 쓰이는 재미있는 우리말입니다.

흰소리/흰소리하다

"우리 아빠가 이번에 미국 출장 갔다가 사 오신 장난감이야! 어때, 멋지지?"

민호가 크고 멋진 포즈의 로봇 장난감을 친구들 앞에서 신나게 자랑하고 있습니다. 골목에 모인 아이들은 민호의 손에서 이리저리 움직이는, 색상도 화려한 로봇이 부럽기만 합니다.

"이거 봐라~ 이거, 내 생일이라고 엄마가 사준 외제 게임기야! 너희도 처음 봤지?"

이번에는 정국이도 생일선물 자랑을 이어갔습니다.

"우와 멋지다! 나도 그 게임 해보면 안 돼?"

아이들은 호기심과 부러움 가득한 표정으로 민호와 정국이의 장난감에서 눈을 떼지 못했습니다. 그때였습니다. 주머니 속에서 반짝이는 구슬을 만지작거리던 세준이가 입을 열었습니다.

"야, 이거 봐!! 이게 뭔 줄 알아? 우리 아빠가 바다에서 고래를 잡았는데 그 뱃속에서 찾은 거랬어!"

세준이가 이렇게 말하며 햇빛을 받아 무지갯빛으로 반짝거리는 구슬을 꺼내어 보이자 아이들의 눈은 모두 휘둥그레졌습니다.

"우와~~! 정말 고래 뱃속에서 찾은 거야? 너네 아빠가 어떻게 고래를 잡았어?"

민호가 부러움 가득한 표정으로 물었습니다.

"우리 아빠는 커다란 배 타고 넓은 바다에 나가서 고래를 잡는 선장님이야! 다음엔 나도 그 배에 태워 준댔어!"

아이들은 이제 세준이의 손에서 빛나는 구슬과 고래이야기에 넋을 빼앗기고 말았습니다.

그때, 곁을 지나던 한 아주머니가 세준이 이야기 소리에 이렇게 코웃음을 쳤습니다.

"하, 고녀석 뉘 집 아들인지 **흰소리**가 유창하구나! 벌써부터 그렇게 **흰소리하는** 버릇 들면 나중에 나쁜 사람 된다!"

그러자 정국이가 친구를 변호하듯 이렇게 외쳤습니다.

"세준이 아빠, 진짜로 고래 잡는 배 선장님 맞아요! 거짓말 아니에요~!"

'흰소리'는 '터무니없이 자랑으로 떠벌리거나 거드럭거리며 허풍을 떠는 말.'의 뜻으로, '흰소리하다'는 '터무니없이 자랑으로 떠벌리거나 거드럭거리며 허풍을 떨다.'의 뜻으로 쓰이는 재미있는 우리말입니다.

헷갈리기 쉬운 우리말

일상생활 중에 많이 사용하면서도 틀리게 사용하거나 정확한 뜻의 차이를 모른 채 혼동하여 사용하는 우리말도 적지 않습니다.
그 중 몇 가지만 살펴보겠습니다.
차이를 알면 정확하게 사용할 수 있습니다.

가르치다/가리키다

가르치다

'지식이나 기능, 이치 따위를 깨닫거나 익히게 하다.'

예를 들면, '아버지는 대학교에서 학생들을 가르치십니다.'와 같이 쓰입니다.

가리키다

'손가락 따위로 어떤 방향이나 대상을 집어서 보이거나 말하거나 알리다.'

예를 들면, '명호가 손가락으로 남쪽을 가리켰습니다.'와 같이 쓰입니다.

너머/넘어

너머

'높이나 경계로 가로막은 사물의 저쪽. 또는 그 공간'

예를 들면, '산 너머 남촌에는 누가 살고 있을까?' 와 같은 표현에 쓰입니다.

넘어

'일정한 시간, 시기, 범위 따위에서 벗어나 지나다.' 혹은 '높은 부분의 위를 지나가다.'

예를 들면, '오늘 중으로 저 산을 넘어야 마을에 도착할 수 있다.'와 같이 사용됩니다.

다르다/틀리다

다르다

1. 비교가 되는 두 대상이 서로 같지 아니하다.
2. 보통의 것보다 두드러진 데가 있다.

예를 들어, '영수의 가방은 경진이의 가방과 다르다.'와 같이 쓰입니다.

틀리다

1. 셈이나 사실 따위가 그르게 되거나 어긋나다.
2. 바라거나 하려는 일이 순조롭게 되지 못하다.

예를 들면, '밤새도록 열심히 풀었던 수학문제의 답이 모두 틀렸다.'와 같이 사용됩니다.

* '다르다'는 '비교가 되는 두 대상이 서로 같지 아니하다.'라는 뜻이며, '틀리다'는 '셈이나 사실 따위가 그르게 되거나 어긋나다.'라는 뜻이므로 구별해서 써야 합니다.

바라다/바래다

바라다

1. 생각이나 바람대로 어떤 일이나 상태가 이루어지거나 그렇게 되었으면 하고 생각하다.
2. 원하는 사물을 얻거나 가졌으면 하고 생각하다.'

예를 들면, '내 평생 바란 것은 한반도의 통일입니다.'와 같이 사용됩니다.

바래다

1. 볕이나 습기를 받아 색이 변하다.
2. 볕에 쬐거나 약물을 써서 빛깔을 희게 하다.

예를 들면, '집으로 돌아가는 친구를 역까지 바래다주었다.' '세월이 흐르는 동안 고왔던 빨간 원피스의 색이 바래졌다.'와 같이 쓰입니다.

부치다/붙이다

부치다

1. 편지나 물건 따위를 일정한 수단이나 방법을 써서 상대에게로 보내다.
2. 어떤 문제를 다른 곳이나 다른 기회로 넘기어 맡기다.'

예를 들면, '외국에 사시는 동생에게 그리움을 가득담은 편지를 부쳤다.'와 같이 사용됩니다.

붙이다

1. 맞닿아 떨어지지 아니하다.
2. 불이 옮아 타기 시작하다.

예를 들면, '강아지를 잃어버린 주인이 애타게 찾는 벽보를 <u>붙였습니다</u>.' 와 같이 사용합니다.

한참/한창

한참

1. 시간이 상당히 지나는 동안.
2. 두 역참(驛站) 사이의 거리.

예를 들면, '미선이는 약속시간보다 <u>한참이</u> 지나서야 약속장소에 나타났다.'와 같이 사용합니다.

한창

'어떤 일이 가장 활기 있고 왕성하게 일어나는 때 혹은 모양. 또는 어떤 상태가 가장 무르익은 때 혹은 모양.'

예를 들면, '그 청년은 <u>한창</u> 공부할 나이에 공사장에서 돈을 벌어야 했다.'와 같이 사용합니다.

드러나다/들어나다

드러나다

1. 가려 있거나 보이지 않던 것이 보이게 되다.

2. 알려지지 않은 사실이 널리 밝혀지다.

3. 겉에 나타나 있거나 눈에 띄다.'

예를 들면, '썰물 때는 드넓은 갯벌이 드러난다.' '진실은 반드시 드러난다.'와 같이 사용됩니다.

* '들어나다'는 드러나다의 틀린 표현입니다.

안치다/앉히다

앉히다(앉혔다)

'다른 대상에게 동작이나 행동을 하게 하다'

예를 들면, '할아버지가 어린 손주를 무릎에 앉히고 머리를 쓰다듬어주셨다.'와 같이 사용됩니다.

안치다

'밥, 떡, 찌개 따위를 만들기 위하여 그 재료를 솥이나 냄비 따위에 넣고 불 위에 올리다.'

예를 들어, '솥에 쌀을 안치러 부엌으로 갔다.' '시루에 떡을 안쳤다.'와 같이 사용됩니다.

받히다/받치다/바치다

받치다

1. 물건의 밑이나 옆 따위에 다른 물체를 대다.
2. 옷의 색깔이나 모양이 조화를 이루도록 함께 하다.
3. 한글로 적을 때 모음 글자 밑에 자음 글자를 붙여 적다.

예를 들면, '두 손으로 머리를 받치고 누워 있다.' '고운 꽃무늬 블라우스에 하얀 치마를 받쳐 입었다.' 우리말에는 받침이 사용됩니다.'와 같이 사용됩니다.

받히다

'머리나 뿔 따위로 세차게 부딪히다.' '머리나 뿔 따위에 받음을 당하다'

예를 들면, '갑자기 차도로 뛰어들다가 자동차에 받히고 말았다.' '도둑이 뒷걸음질치다가 소뿔에 받혀 크게 다쳤다.'와 같이 사용됩니다.

바치다

1. 신이나 웃어른에게 정중하게 드리다.
2. 반드시 내거나 물어야 할 돈을 가져다주다.
3. 도매상에서 소매상에게 단골로 물품을 대어 주다.

예를 들면, '나라와 겨레를 위하여 목숨을 바쳤다.' '평생을 바쳐 연구에 매달렸다.'와 같이 사용됩니다.

헷갈리다/헛갈리다

*복수표준어이므로 두 표현 모두 맞습니다.

헷갈리다/헛갈리다

1. 정신이 혼란스럽게 되다.
2. 여러 가지가 뒤섞여 갈피를 잡지 못하다.'

좀더 구분하자면, '갈피를 잡지 못하게 뒤섞이다'의 뜻일 때는 '헷갈리다'를, '함부로 뒤섞여 분간할 수 없다'의 뜻일 때는 '헛갈리다'를 쓸 수 있습니다.

예를 들면 다음과 같습니다.

'펜을 잡긴 했으나 지난번 일로 자꾸 정신이 헷갈려 공부를 하지 못했다.' '비슷한 것들이 모여 있어, 어느 것이 진짜인지 헛갈렸다.'